Contents

I0486472

This book is dedicated to my parents, Robert and Elizabeth Knudson.
Who lead by example in helping others. Thank you for your unwavering support
and inspiration in completing this book.

James Ackerman

Order this book online at www.trafford.com/07-0452
or email orders@trafford.com

Most Trafford titles are also available at major online book retailers.

Note for Librarians: A cataloguing record for this book is available from Library
and Archives Canada at www.collectionscanada.ca/amicus/index-e.html

ISBN: 978-1-4251-2048-1

*We at Trafford believe that it is the responsibility of us all, as both individuals
and corporations, to make choices that are environmentally and socially sound.
You, in turn, are supporting this responsible conduct each time you purchase a
Trafford book, or make use of our publishing services. To find out how you are
helping, please visit www.trafford.com/responsiblepublishing.html*

*Our mission is to efficiently provide the world's finest, most comprehensive
book publishing service, enabling every author to experience success.
To find out how to publish your book, your way, and have it available
worldwide, visit us online at www.trafford.com/10510*

www.trafford.com

North America & international
toll-free: 1 888 232 4444 (USA & Canada)
phone: 250 383 6864 ♦ fax: 250 383 6804
email: info@trafford.com

The United Kingdom & Europe
phone: +44 (0)1865 722 113 ♦ local rate: 0845 230 9601
facsimile: +44 (0)1865 722 868 ♦ email: info.uk@trafford.com

10 9 8 7 6 5 4 3 2

Introduction

I can't believe they didn't hire me because I'm ...

I woke up at 8:00am and got the news paper to look for a job.
I saw that that a fast food restaurant was looking for a manager.
I've never worked in one, but it can't be too hard. I took a shower
last night, so, I don't need one today. I grabbed my clothes off
the chair and got dressed. I looked in the mirror and my clothes
were a little wrinkled and my hair could have been combed, but
it's just an application I'm going to fill out.

When I get to the restaurant I ask for an application and sit down.
As I fill it out I see that I don't have all the information about
my prior jobs and it asks for experience that I don't have. It also
tells me to attach my résumé that I don't have. I fill in what I can
and leave the rest blank. When I'm done I turn it in and I'm told
I can have an interview in 30 minutes. I don't have a watch but
anyone can guess how long 30 minutes is, right?

I looked around outside for about 30 minutes, I guess, and returned
for my interview. I was told I was late about 15 minutes but he would
still see me. I told her I was sorry for being late but I didn't have
a watch. I was called in for the interview and he tried to shake my
hand but I just said, "Yo! what's up?". He asked me about my job history
and I told him I really don't remember the dates that well. Then he
asked me why he should hire me and what I could do for this
restaurant. "Well, I'm good at giving orders and know how to be
a boss. I've never been a boss but I've had lots of them."

Well it's been a few weeks now and I can't get a job yet. I know
I've done well in my interviews and have been really friendly. Is it
because I'm white, fat, or just too old for the young bosses that I talk
to?

Common sense isn't as common as you think. What you just read
may seem funny but all of us have done some of these things too.
This book is to help put back sense into common sense in getting
a job.

Reasons or better known as excuses why

Everyone has their own reasons why THEY didn't get a job they wanted.

Could it be that they didn't like my race, or the way I look?

Could it be that I'm too fat or skinny, or just the way I talk?

Could it be the fact I'm bald and look old for my age?

Could it be that I dress too hip to the person interviewing me for the job.

I've had good jobs before and I have better jewelry than the interviewer.

I've had bad luck getting a job and can't afford good clothes.

The person interviewing me can't understand me because I use slang.

All these could be real reasons but more likely they are only part of the problem. When you go look for a job, you have to remember that first impressions are the most important things you leave behind. Because you didn't know how to express yourself or look presentable when they first met you, is the real reason you didn't get the job.

Now, it's really not that hard to learn how to get the job you want. In this book I will teach you everything you will need to know about looking for and getting the job you want and deserve. You will learn where to look for a job and what to do when you find it, like how to fill out the application and make a résumé correctly. You'll also learn if it's the right job for you. After you find the job, how to dress and act when you first meet people at the job site. Also, the follow up after filling out the application and getting an interview.

Would I hire me?

What we are doing here is taking a real look at ourselves.
This is to look at ourselves with an objective perspective.

Did I clean myself up to meet people?

Do I dress like I want this job?

Do I act like I want a job?

Do I have a watch to know what time it is?

Am I in the right mood to talk to someone about a job?

Do I know how to change my mood to help me?

Do I know how to fill out an application correctly?

Do I have all the information I need to get a job?

Can I get to my interview in time?

Do I know how to greet someone?

Do I have good manners?

Can I talk to someone without using slang?

Can I answer and ask questions in an interview?

These are all very important questions that have to be answered.
Just one of these things could keep you from what you want.

Learning how to prepare

Did I clean myself up to meet people?
It may seem like everyone knows this answer, but there
are some of us who think others will not know when you
showered last. So before you leave to meet other people
you want to work for and with, a shower would be a good
start. Make sure you use deodorant and if you use perfume
don't abuse it. If your hair is long or short, have it combed
and neat. For ladies that wear make up, it's to make you
feel better and not to be painted all over. Men, make sure you
shave or trim to look neat and clean. Use lotion if you have
dry skin. People look at your finger nails when you shake
hands, so clean and clip them.

Do I dress like I want this job?
How you wear your clothes is one way people will think
how you work. If you are messy then your work will be
messy too. If you don't button your shirt properly or wear
pants without a belt, it looks like you start things and don't
finish them. Let's get started with colors. You want to
wear colors that are not overly bright. The brighter the
color the more faults you see in the clothes. Make sure
that the color of your clothes match. You don't want to
wear something that could stain or look wrinkled. You
should iron your clothes if you can. If you can't then when
you use the dryer pull the clothes out before it stops. Put
the clothes on a hanger right a way. Your shoes should look
clean and not scuffed up. Really try not to wear tennis shoes.

As far as jewelry goes it should be nice and not over the top.
Unless it's what they wear in the business, don't wear piercings
that can be seen by everyone. You can have six to nine rings on
your fingers but that probably won't help you get the job.

Do you look like to deserve the job?
When you're getting ready to go apply or have an interview,
have you made sure you've prepared? Be sure you're on time or
even a little early. Your clothes are neat and you have all the
information needed to get the job. If you go in feeling like
you should get the job, others can feel it too.

Do I act like I want this job?
When you go in and ask for an application or have an
interview, do you look like your in a good mood? Are you
polite to the people you talk with? Do you have reasons why
they should hire you in the interview? Did you bring all your
paperwork and are prepared to be hired? Remember they want
to hire you, unless given a reason not to.

Do I have a watch to know what time it is?
A watch is more important than you'd think. Not having
a watch makes it look like you don't care about things
getting done on a timely manner. Or, you may not care
if you are on time to be somewhere. Always have a
watch to make sure you're not late and know when you
have to return without being late.

Am I in the right mood to talk to someone about a job?
Before you go out to get a job make sure you're in a good
mood. It's easier than you think. Remember you're going
out to get the job you deserve and will get. After getting
that job, all things around you will get better. Just know
that you will get the job and being in a good mood will only
help you get there.

Do I know how to change my mood to help me?

Okay, you are in a bad mood because of things going on in your life. First thing you need to do is look at what will help you get your life on the right track or a better one for your future. If there are too many things going on where you are, find a place that you can relax. Try going to a room with no one in it, maybe a park. You can try a library or even in your car. When you find the place where you can relax, it will help you think and you can look over the paperwork needed for you getting that new job. After you have had some time to yourself, it will help you do better with other people.

Do I know how to fill out an application correctly?

When you fill out the application always make sure you fill out everything and leave no blanks. Have all your job information without lapses and time worked. Make sure you have all your reference's information. The main thing to have is a way for them to call you for your new job.

Do I have all the information I need to get a job?

You need to know that you have all the information to get your new job.

You'll need:

Social Security Card
your address
reference's name
reference's phone number
past job's addresses
past supervisor's names

State identification
your phone number
reference's address
past job's company name
past job's phone numbers
résumé

Can I get to my interview in time?
Always make sure that you can get to your interview early. If you have to take a bus or you know the traffic will be heavy, leave so that you will be there around 30 minutes before your scheduled time. Showing you can't be on time just for an interview will show you can't be on time for work.

Do I know how to greet someone?
When you meet someone, you should look them in the eyes while shaking their hand. A smile may not seem like much but it will make you appear nicer.

Do I have good manners?
Manners are something we all should have but may not use all the time. When you greet someone make sure it's with a "Hello" and if in person, make eye contact as you shake hands. If you both are to sit at the same time, let them sit first. Look them in the eyes and try not to look around the room when either one of you are talking. Do not use words that would be offensive to other people. When you are ready to leave shake their hand and thank them.

Can I talk to someone without using slang?
Are you able to talk to someone using proper grammar? You don't want to talk with slang as if it was just a friend or someone off the street.

Can I answer and ask questions in an interview?
A question you will be asked is if you were fired, why?
When you answer it, tell the truth but make it as favorable
as possible. Let them know you've learned from your
mistakes. Always speak positively about your past employers.
Be sure to have an answer when asked why you want to work
for them. For example, you have heard that they have great
benefits or opportunity for advancement. If it's a new field
then how you would like to start with the best in that field.

If you are able to ask any questions start with if you
will have the opportunity to advance. Try to keep it
to only two or three questions.

Understanding these questions and the answer will greatly
improve your chances of getting the job that you want and
deserve. The smallest or easiest thing done wrong could
keep you from getting your job. There are check lists
provided to help keep you on track while filling out an
application and going to an interview.

What do you want to do?

It's important that you like what you do when deciding on a job field. Of course in the real world, money does play a big part in what we do for a living. It's a good idea to look at how the pay rates are before going into that field. How you are living when getting a job also changes when you are looking for work. If you are single and not married with kids, it would be easier to get a lower paying job to start.

Here are some questions you have to ask yourself to help Find what you want to do.

> ➢ Do you like working with others, or by yourself?
> ➢ Do you like talking on the phone?
> ➢ Do you like to drive?
> ➢ Do you like to travel?
> ➢ Do you like working with machines?
> ➢ Do you like reading?
> ➢ Do you like working with children?
> ➢ Do you like working in an office or outside?
> ➢ Would you relocate?
> ➢ How far will you drive for a job?
> ➢ Can you use a computer?
> ➢ Do you enjoy physical work environments or mental?

Remember, you will be spending most of your day at your job. So, it would be better for you and others around you that you like what you are doing. It wouldn't be a good idea to be a truck driver if you don't like to travel. If you don't like talking to others, it's best not to be a clerk in a store.

What do Employers Want?

Now that you have looked at what job you want, what do you have to offer them?

- ❖ I have the ability to work well as a team.
- ❖ I have the ability to work well independently.
- ❖ I have the ability to see details in my work.
- ❖ I have the ability to listen and do as instructed.
- ❖ I have the ability to use eye and hand movements together.
- ❖ I have the ability to understand what I read.
- ❖ I have the ability to communicate with others well.

You have looked at what you want to do and have seen some of what you can offer. It's time to look at what they will want from you.

- ✓ Professionalism
- ✓ Reliability
- ✓ Commitment
- ✓ Good communication
- ✓ Team work
- ✓ Adaptability
- ✓ Ability to learn

This is not all that they will be looking for but a good start to look at.

Where to look

There are of a lot of places to find a job. Here are a few
to get started.

Friends	**Co-workers**
Classified ads	**Employment Directories**
Temp Agencies	**Permanent Agencies**
Internet Agencies	**On-line Databases**
News Groups	**Bulletin Boards**
Contract Firms	**Community Agencies**
Employers Directly	**Career Fairs**

Once you know what you what to do for a living, then you can
Start looking for your job.

Friends
Ask your friends about how they got their job and how could
you get started there also. Never be afraid to ask for help.
See if they know of any openings in their employment or
another area in that field. Ask if you could use them as a
reference to get the job.

Co-workers
Ask a co-worker if they know anyone in the field you are looking
for or the employment place you want. Ask if you could use
them as a reference to get the job.

Classified ads
You can look at the newspaper to find jobs too. But most don't
think about looking at ones that are a few weeks old. You may
see a job that has been taken out where the new person didn't
work out, or the employer didn't continue the ad. You can look
at most classified ads on-line also. To find the newspaper you
want, can go to http://newspapers.com. It has newspapers for all
over the world.

Employment Directories
These have profiles and locations of companies in about 35
of the largest cities and metropolitan areas in the United States.
Also having information on contact names and company web
sites. You can get them from a book store or on-line.

Temp Agencies
You can find temporary jobs to get you experience you need for
a new field. Sometimes a company only hires from temp agencies
to get in. You can find temp agencies in the classified ads
of a newspaper or in the phone book. You can also look on-line.

Permanent Agencies
These agencies charge for their services but in the long run
it's worth the money if you are able to get the job you want.
You can find permanent agencies in the classified ads of a
newspaper or in the phone book. You can also find them on-line.

Internet Agencies
If you are looking for a job in other cities or states, these are a good place to look. The more places you look, the better of a chance you have of getting what you want. Most of these agencies are free and you may find something you like. Just go to search and put in employment services. I would use the top few.

On-line Databases
These have research tools on companies to help get your job that you want. Like job openings, cities locations, company's products and or services. They can have job search CD's too.

News Groups
Usenet news groups are a collection of individual discussion groups. They are broken down to general categories to make it easier to find what you want.

Bulletin Boards
You find phone numbers for Bulletin Boards on-line in search engines like Yahoo or MSN. To access BBS (Bulletin Board Systems) you must call them on a phone line.

Contract Firms
These are firms that place individuals on a contract basis that can last from a month to over a year. These firms are mainly to fill the employer's needs without themselves going through the interview procedures.

Community Agencies
There are many non-profit organizations that help get people
the job they want or need. Most offer free or inexpensive help
with job placement. Most are targeted to particular groups
like women, disabled, or minorities.

Employers Directly
You can go to the company you want for a job too. Sometimes
they may have on-line job information also. By going to them
you will find out how to apply for a job with them.

Career Fairs
These are where companies get together and show what jobs they
have open and tell you about their company. You can find job fairs
in newspapers.

Places to look on-line

Newspapers
newspapers.com

Internet Employment Directories

Computer

www.cra.org/main/cra.jobs.html
The Computing Research Association's jobs webpage
is one of the premier places to read and post position
availability for Computer Scientists, Computer Engineers,
and Computer Researchers
www.computer.org/computer/career/career.htm
Society's Career Services Center
www.computerwork.com
Computer Jobs offers High Tech Job Search and
IT position posting, Technical Employment for
Computer

Executives

www.careercity.com
Search thousands of job openings and see who's hiring.
Plus take a look at career articles and other career
resources. Preferred career site for educated professionals
www.jobweb.org The web site devoted to helping college
students, seniors, new college graduates, and alumni with career
development and the **job** search **www.careerjournal.com**
Visit a premier career site for executives, managers, and professionals
for job searches

Finance

www.financeladder.com
Senior and executive level job openings in finance.

General

www.monster.com
Search job listings at one of the Web's largest employment sites. Post a résumé and access tools and information for job seekers.

careers.msn.com
Search hundreds of thousands of jobs across the nation or in your neighborhood.

America's Job Bank (www.ajb.dni.us)
Post your résumé, set up an automated job search. Search through our database of over one million jobs nationwide.

www.careerbuilder.com
The Internet's largest job search & employment site. Search in complete confidentiality and let a Personal Search Agent find jobs for you.

The Riley Guide (www.rileyguide.com/jobs.html)
This page connects you to our 50 pages with job resources, starting with the more general resources and moving through location or audience specific listings to the occupation and industry resources.

www.job-hunt.org
Job search and employment resources center - an award-winning web site with over 8,300 of the best job sites and career resources.

www.nationjob.com
NationJob provides an employment and job search engine, career search, job listings, tech jobs, careers and government job listings

www.hotjobs.com
Yahoo! Search for jobs, post your resume, compare salaries
and find career advice and research. Thousands of new
jobs listed daily
jobs.employmentguide.com
Hourly and Skilled trade Jobs
www.mediabistro.com/joblistings
Job Listings
www.flipdog.com
Local jobs everywhere
www.jobhuntersbible.com/jobs/jobs.shtml
Places to Find Job Listings. on the Internet
www.snagajob.com
Find great part-time jobs and full-time hourly jobs
www.jobfind.com
Places to Find Job Listings. on the Internet

Government
USAJOBS (www.usajobs.opm.gov)
The Federal Government's Official Jobs Site
www.federaljobsearch.com
Create a powerful online search agent to scan 40,000
federal government jobs daily across the U.S.
www.emp.state.or.us/empmtsvcs
Welcome to the Oregon Employment Department Job Listings
www.statejobs.com
We've got jobs at all major U.S. companies, state,
federal and local government agencies!

Health Care

www.matrix.msu.edu/jobs
Humanities and Social Sciences Online.
www.aureusmed.com
Aureus Medical is a nationwide employment firm
specializing in travel and full time nursing and medical
imaging jobs.
www.socialservice.com
Social work jobs and social service jobs.
www.medzilla.com
Biotechnology Career, Medical Career or Science
jobs. Serving the pharmaceutical, Biotechnology,
Science and Healthcare industries.
health.care.job.edhealth.org
Health Care Job travel placements health placements
clerical information healthcare health workers
professional medical database nurses career
Insurance, securities, and financial planning jobs
nationwide. Entry-level and senior positions available.

Insurance

www.closers.net
www.insuranceworkforce.com
Entry level to senior management, find insurance
careers of all types.

Legal

www.lawjobs.com
National job listings for Lawyers and legal support staff.

Marketing

www.knowthis.com/careers/employment.htm
Service for advertising and marketing professionals.

Media

www.journalism.berkeley.edu/jobs
Journalism Job Bank.
www.writerswrite.com/jobs
Career resources and information for journalism, media and publishing professionals.

Schools

www.jobtrak.com
Find jobs and internships, post your résumé, and more. Post jobs and internships for qualified candidates at the college of your choice.
www.studentaffairs.com/jobs
The most accessed site on the Internet for student affairs job listings.

Science

www.psychwatch.com/job_page.htm
Looking for a job in Psychiatry, Psychology, or related fields.
www.aip.org/careersvc
Browse jobs in physics, engineering, applied science.
www.aza.org/JobListings
American Zoo and Aquarium Association.
www.ams.org/eims
Employment Information in the Mathematical Sciences.
recruit.sciencemag.org
Our site includes listings for biology jobs, molecular biology jobs, microbiology jobs, biotechnology jobs.
www.medzilla.com
Biotechnology Career, Medical Career or Science jobs. Serving the pharmaceutical, Biotechnology, Science and Healthcare industries.

Travel

www.overseasjobs.com
OverseasJobs.com - Work Abroad, Overseas Careers,
Expatriates and International Employment.

www.workamper.com
Workamper News has helped more than 70,000 people
find great jobs in great places. RV jobs, camping jobs.

www.engcen.com
Engineering jobs employment such as chemical, civil,
electrical, industrial, manufacturing, and mechanical
engineer job openings listings.

www.oilcareer.com
Send your résumé to over 1500 oil companies instantly!
26 major oil projects now hiring.

www.geojobsource.com/careerop.htm
GIS Jobs, Geography Jobs, Mapping Jobs, Computer
Programming Jobs, Engineering Jobs.

Writing

www.artistresource.org/jobs.htm
Art and writing jobs, job hunting advice, links to listings,
volunteer and intern jobs.

www.journalism.berkeley.edu/jobs
Journalism Job Bank.

www.writerswrite.com/jobs
Career resources and information for journalism,
media and publishing professionals.

Making a résumé

First impressions matter, so make sure they're good ones.
It must be organized and to the point. Make sure your
font is standard and use quality paper. You can
make it yourself or have a professional do it. Either
way, make sure someone looks it over for mistakes.
If you use a Watermark, check to see if it is on right.

When you format your résumé make sure you put all
your information in it. The basic order should be like
this:
Your name
mailing address
phone number
e-mail
address
objective
qualifications
experience (work history)
education

Depending on the job you are looking for, experience and
education can be interchanged.

When putting your name it should always be in **BOLD**
and in a larger font size. If you use a font size of 16 put
your mailing address, phone number, and e-mail address
a font size of 14.
Objective, qualifications, experience (work history),
and education should be in a font size of **14 and BOLD**
All other information should be in font size of 12. The
Only other things that could be Bold are Company
names, past jobs, and schools.

Chef Resume

Elsie Graber
119 Westwick Apt.B
West Hempstead, MI 48230
(313) 696-7778

JOB OBJECTIVE: Chef in a kitchen specializing in French Bistro cuisine

CULINARY ACCOMPLISHMENTS:

RESTAURANT

- Researched, created and planned the menu Abraham Van Houten of the West Hempstead Press called, "Refreshing business in the Hempstead out west"
- Prepared the French, French Bistro, and Cajun Cuisine that made one Bistro, Bistro! the 1998 Silver Spoon Award

  o Line prepared the sandwiches and appetizers the Sager Survey called "a thrilling treat"
  o Created original recipes that can be found on he standard menus of **Lime Twist**, **Simple Scrounge**, **Jean Jang**, **Mouse House**, and several other premier restaurants in the Elben metropolitan area.

CATERING

- Prepared creative delicious consistently-prepared entrees for events of 300 guests and more
- Created and prepared high energy, fitness-oriented meals for U.S. Olympic athletes in training
- Assisted and apprenticed with Gourmet Award winner Chef Euphegenia McWain

WORK HISTORY:

Chef, **Bistro, Bistro!**, West Hempstead, MI, 2001 - Present
Visiting Chef & Baker, **Arlington World Cup Center**, Arlington, VA, 2000
Assistant Catering Chef, **Euphegenia McWain**, Elben, NH, 2000

INTERESTS:

- Volunteer Caregiver for children born addicted to crack cocaine

Arlen Community Project; Arlen IL

- Active member of the "Adopt a Bridge" environmental protection program
- Creative works published in several national magazines including *The Podunk Review*, *Timeshares*, *Draw and Halving*

EDUCATION:

B.A. in Restaurant Management
Eastern Michigan University; Lansing, MI
Anticipated Completion Date: December, 2005

28

Banking Resume

MONTY BARL
5 Wendy Wilson Boulevard Apt. 187
Staten Island, NY 10034
(718) 817-7180
(718) 782-0007
E-Mail: boilM@mail.ibm.net

BANKING EXPERIENCE

EURASIA, 2000 - Present
Vice President Structured Trade Finance

- Support short, medium and long term trade related financing through US government programs such as US Extrabank and Incorporated Credit Union ("ICU"), for worldwide customer requirements.
- Arrange 8 Medium Term Facilities ("Put option") in Latin America in the amount of US $285 Million.
- Arrange 12 US Extrabank Facilities with Monetary Institutions and Corporate customers in Latin America, Africa and Asia in the amount of US $350 Million.
- Arrange 13 ICU Facilities with Monetary Institutions in Latin America and Africa in the amount of US $300 million.
- Coordinate reallocation of Structured Tax Organization ("STO") unit from New York to Miami, reducing 80% of personnel while generating 50% more income comparing to previous years.

STANDARD CHARTERED BANK, 1995 - 2000
Vice President of Specialized Banking

- Arranged 3 US Extrabank Facilities with Financial Institutions and Corporate customers in Mexico in the amount of US $120 Million.
- Arranged 2 Medium Term Facilities ("Put option") in Mexico in the amount of US $40 Million, generating up-front fees and profitable interest income.

BANCO INTRANACIONAL DE EXTERIOR, S.N.C., 1992 - 1995
Vice President of Intranational Banking America

- Head of International Banking unit for America in charge of short and medium term funding requirements, both through direct lines of credit and debt paper issuance in the US and Euro markets.
- Increased funding network in 200% and the lines of Credit amount from US $850 Million to US $2.5 Billion.

TRADING EXPERIENCE

Promotions and Trade International, Mexico, A.C. 1990 - 1992

- Assisted potential exporters in Trade promotion and Mexican requirements.

EDUCATION

Financial Institute of Maryland
Specialty in Finance and Accounting 1994

Universidad de Autonoma, Mexico City, Mexico
BA, International Relationships and Economics 199

Computer Programmer Resume

Bob Chrysler
Vermont Street, Apt. 6-PE
Washington Heights, NY 11372
(718) 651-1906
webmaster@earthpool.com

COMPUTER SKILLS

- HTML
- JavaScript
- Photoshop
- HP Deskscan
- Frontpage
- PowerPoint
- GIF Animator

- Telnet
- Unix
- Outlook
- Virtual WebTrends
- Web Site Promotion
- Perl
- Java

PROFESSIONAL EXPERIENCE

Web Master
Earth Pool
April 2003 - Present
New York, NY

- Supervised the design, content, promotion and programming of "Earth Pool Online," the site called "a damn good reason to log on" by *Wired Magazine*
- Redesigned and restructured the site's look and created interactive search engine and order form
- Constructed interactive banners which appeared on Lycos, Altavista, Yahoo! and JobTrak

Web Designer
Network Travel Corp
February 2001 - March 2003
New York, NY

- Created and maintained web pages for international tourist bureaus such as Rivertours and EZ Travel, luxury hotels and cruise lines including Novetel, Marriott and Princess
- Created graphic and multimedia elements in both Java Shockwave internet languages
- Wrote extensive copy for websites as well as client and sales presentations

Database Manager
Columbia University Off-Campus Housing
October 1998 - May 2001
New York, NY

- Compiled and maintained database lists of over 2500 apartment, hotel and broker listings
- Assisted students and real estate agencies on locating apartments and navigating housing resources
- Developed and applied expert knowledge of New York City real estate

EDUCATION
BFA with a minor in Computer Applications, 2002
Columbia University, New York, NY

Entry-Level Marketing Resume

Miranda Hess
769 Kremlin Way
Atlanta, GA 41606
(405) 555-3838
mhess@gtech.edu

OBJECTIVE

A junior position in market research

EDUCATION

Georgia Tech, Atlanta, GA
Dean's List, 3.2/4.0 GPA
Bachelor of Arts, International Business and Marketing, May 2002
Major: International Business (Marketing Concentration)
Minor: German

EMPLOYMENT

Gherkin Publishers, Long Hill, WI
*Marketing Intern,*1998 - 2002

- Developed a package insert program for a new hair product
- Assisted creative services in the redesign of new package insert materials for pantyhose line
- Worked directly with advertisers to significantly increase the sales of the insert programs
- Updated computer reports to monitor the activity of the insert programs

Georgia Tech, Atlanta, GA
Resident Advisor, 1996 - 1998

- Planned and provided educational, cultural, and social programs within a budget
- Prepared administrative reports to monitor developmental aspects of student life
- Trained Assistant Resident Advisors

79th Street, Beverly Hills, CA
Sales Associate, 1994 - 1996

- Assisted and advised customers
- Managed store operations; sales rose 45 percent.

COMPUTER SKILLS

- Microsoft Word
- Microsoft Excel
- Powerpoint
- Lotus Spreadsheet

FOREIGN LANGUAGE

Fluent German

Entry-Level Sales Resume

Farley Suber
345 Fenwick Street
Elton Park, CO 79403
(750) 555-4212

Objective: Seeking an entry-level position in sales or marketing

Education:
Bachelor of Arts in Communication (Public Relations) May 2002
Minor: Business/Liberal Arts
University of Chicago, Chicago, IL
Cumulative GPA: 3.10 out of 4.00

Experience:

LONS Computing Systems
Sales and Marketing Representative January-June 2002

- Applied marketing skills to increase sales of Macintosh G3 computers
- Cultivated client relationships, increasing customer satisfaction and repeat sales
- Placed advertising in magazines including *Men's Health*, *GQ*, and *Wired*
- Wrote press releases on new computer products

Broadway Master Theatre
Marketing Assistant May-September 2001

- Assisted with the planning, creation and distribution of theatrical press releases
- Wrote radio advertisements
- Tracked attendance based on information from reservationists and box office attendants
- Handled photo releases mailings to be distributed to the media sources

Honors and Interests:

- **Senior Honors:** Senior cumulative average of 4.00 out of 4.00
- **Terrence S. Duboff Award:** Award for academic achievement excellence in communications
- **NCAA Division 1 Golfer:** Winner of the Greenview Collegiate Classic 1996, 2nd Place finalist 1997 NCAA MidWest Cup
- **Chi Phi Sigma Fraternity:** Rush Chairman, Scholarship Chairman, Standards Board, Senior Steering Committee

Executive Resume

John Littles, Ph.D.
276 W. 87th Street #19H
New York, NY 10024
212-865-3118
e-mail: smalljohn@goal.net

SUMMARY OF QUALIFICATIONS

- Over 30 years directorial experience in mental health and developmental disabilities research and administration
- Experienced regional coordinator of community and state-operated programs
- Accomplished manager of annual budgets of more than $50 million

PROFESSIONAL EXPERIENCE

Program Consultant
DisTechnological Company 2002 - Present
Brooklyn, NY

- Applied three decades of healthcare knowledge to provide expert consultation
- Assisted a company's operations of a residential and training programs for developmentally disabled residents
- Advised a high-tech company in developing the most efficient strategy for applying its technology to the healthcare industry

Chief Executive Officer **2000 - 2002**
Mediseo, Brain Injury Rehabilitation Facility
New York, NY

- General oversight of a brain rehabilitation treatment and research
- Supervised more than 100 medical and administrative staff
- Oversaw facility site relocation and expansion from a 300-bed to a 550-bed location

Facility Director/Regional Administrator **1997 - 2000**
Deputy Director **1994 - 1997**
New York State Department of Developmental Disabilities and Mental Health
Yonkers, NY

- Supervised 11 state-operated facilities as the director of this 500-bed mental health and developmental disabilities institution
- Supervised more than 50 community-based healthcare agencies

EDUCATION

BS, MS, PH.D Biology 1996, 1998, 2002
Southeast Oklahoma State University
Shilo, Oklahoma

Functional Resume

Sharon Blachly
666 W. 13th Street
Apt. 66-Y
New York, NY 10011
(212) 575-0440
blach@aol.com

SUMMARY OF SKILLS:

- Microsoft Office
- Microsoft Word
- Word Perfect 6.1
- Lotus 1-2-3 for Windows
- Excel
- Telemarketing sales
- Typing (55 wpm)
- Windows 95, 98 operating systems

PROFESSIONAL EXPERIENCE:

2000 - Present: Membership Services & Sales

The Boys and Girls Club

- Contributed to the increase membership sales for nursery education and program classes by 23% from 1996 to 1998
- Actively canvassed prospective and current members
- Educated new members about payment plan options
- Processed membership registration for prospective and current members

1996-2000: Administrative Assistant

Scaffolding, Inc.

- Maintained executive meeting schedule and travel arrangements
- Coordinated client and interoffice files and paperwork
- Managed distribution in a Lotus 1-2-3 database
- Met and greeted clients

EDUCATION:

B.A. in Business & Computer Science, 2000
SUNY Albany, Albany, NY

Office Manager Resume

Pauline Jenkins
6210 Lincoln Drive, #19
Woodside, NY 11377
(718) 204-2842

OBJECTIVE: An entry-level position in office management

WORK EXPERIENCE:

2000 - Present MR/DD COLLECTIVE:

Data Services Manager/Administrative Assistant, 2001 - Present

- Supervise, manage and train 22-person office staff
- Prepare for meetings and correspond with member representatives on upcoming meetings
- Prepare correspondences, document invoices, including materials for payment of trainers
- Maintain in-office calendar and training calendar, keeping track of schedules/appointments
- Format monthly newsletter and membership directory
- Create and reconfigure client databases

Bookkeeper/Training Coordinator, 1999 - 2001

- Received cash and check receipts, maintained ledger book and computer record of bank deposits
- Wrote and distributed employee and contractor checks
- Posted billing and ran various invoices for member and non-member agencies
- Organized materials for various training sessions, registered participants, prepared room and organized catering

Receptionist/Information Specialist, 1996 - 1999

- Answered phones, greeted and assisted visitors, and handled general administrative duties, such as filing, faxing, copying and mailing
- Organized mailing of monthly newsletter

1995 - 1996 WIMEX MARKETING

Customer Service Representative, 1995 - 1996

- Checked order forms, confirmed and canceled magazine orders
- Corresponded with customers

SKILLS:
Microsoft Word, Alpha4(database program)

EDUCATION:
BA in Business Administration
West Chester University
West Chester, PA, 1999

You can use the same résumé for the internet too. Just be sure
that you don't use boxes that can be seen. The boxes shown
in some of the samples are to show you that you can use them to
clean up your résumé. Don't use shades in your backgrounds
because they may confuse some of the employment search engines.

If you want your résumé done by a professional you can look in the
phonebook or on-line. Here are some on-line résumé services.

www.monster.com

www.resumes.info

www.provenresumes.com

www.eresumes.com

www.resumeplan.com/free_resumes.htm

www.gresumes.com

www.10minuteresume.com

www.sample-resumes.us

Cover letter

As your resume does, your cover letter shows your
organizational skills and your attention to detail. This
will be addressed to the person that will look at your
credentials. You will need on your letter your return
address, phone number, e-mail, the date, name, address,
phone number, salutation, statement, enclosure
line, name, and signature.

Place your address, phone number, the date, and your e-mail
on the top of your cover letter. The next group will
be your name, address, phone number, and e-mail. The
salutation is the person you are sending the cover letter
to. It will be Mr. or Ms. with the individual's last name.
If you don't know their name, address it to a "Dear Sir
or Madam" with a comma after it. As in "Dear Sir,"

The main part of the cover letter is to show why you're
a good candidate for that job. Let them know why you
want to work for them and your capabilities. Keep it
to only a few things in the cover letter, you will be in
more detail in your résumé. Do not use unrelated goals
or abilities.

The last few statements should be a contact number and
a thank you for their time. Put something about looking
forward to your upcoming interview with them.

Last will be "Sincerely," with your signature underneath
and then print your name.

Sample Cover letters

Internship Cover Letter

2838 Camphor Lane
DeLand, FL 32720
386-555-2922

Ms. Amanda Paulson
Universal Orlando
1000 Universal Studios Plaza
Orlando, Florida 32819-7610

Dear Ms. Paulson,

My unique mix of previous work experience and my status as a Stetson University business student in my junior year studying marketing, make me an ideal candidate for a summer internship with Universal Orlando

My experience in sales and customer relationship management, combined with my courses in marketing, have convinced me that hospitality marketing is a career option I would like to explore.

More importantly, an internship with Universal Orlando would be mutually beneficial. Your company has an excellent reputation for customer satisfaction, and I know that the combination of my experience, education, and motivation to excel will make me an asset to your marketing department.

I am sure that it would be worthwhile for us to meet. I will contact you within a week to arrange a meeting. Should you have any questions before that time, you may reach me via phone (386-555-2922) or via email (christina@stetson.edu).

Thank you for your time and consideration.

Sincerely,

Christina Appleton

Recent College Grad Cover Letter

7 Apple Court
Eugene, OR 97401
503-555-0303

Mr. Archie Weatherby
California Investments, Inc.
25 Sacramento Street
San Francisco, CA 94102

Dear Mr. Weatherby,

My outgoing personality, my sales experience, and my recently completed education make me a strong candidate for a position as an insurance broker for California Investments, Inc.

I recently graduated from the University of Oregon with a degree in marketing, where I was president of both the Future Business Leaders of America and the American Marketing Association.

Although a recent graduate, I am not a typical new graduate. I attended school in Michigan, Arizona, and Oregon. And I've put myself through these schools by working such jobs as radio advertising sales, newspaper subscription sales, and bartending, all of which enhanced my formal education.

I have the maturity, skills, and abilities to embark on a career in insurance brokering, and I'd like to do this in California, my home state.

I will be in California at the end of this month, and I'd like very much to talk with you concerning a position at California Investments. I will follow up this letter with a phone call to see if I can arrange a time to meet with you.

Thank you for your time and consideration.

Sincerely,

John Oakley

Referral Cover Letter

110 First Street
Alexandria, VA 22306
(802) 555-5544

April 15, 2002

Mr. Henry Fouche
Best Plans Publicity, Inc.
800 Madison Avenue
New York, NY 10022

Dear Mr. Fouche,

Nancy Jones of Green & Associates Advertising, suggested I contact you regarding the possible public relations opening in your firm.

As an editor/writer for Alexandria's city magazine, I've developed my talent and experience as a public relations writer. Because the staff is very small, I've worn a number of hats, including: developing the editorial format and individual story concepts, writing numerous articles, editing copy, laying out the magazine, and supervising production.

Prior to my current position, I was highly involved in the public relations industry, working for Jones & Jones, where I prepared numerous press releases and media guides, as well as managing several major direct mail campaigns.

My high degree of motivation has been recognized by my previous employers who have quickly promoted me to positions of greater responsibility. I was promoted from assistant editor to editor of *Alexandria Monthly* after only five months.

I am eager to talk with you about the contribution I could make to your firm. I will call you the week of April 25th to see if we can find a mutual time and date to get together and discuss the possibility.

Your consideration is greatly appreciated.

Cordially,

Mary Davison

Cold Contact Cover Letter

23 Hickory Tree Way
Belle Mead, NJ 08502
(908) 555-7495

September 12, 2002

Ms. Kristin Heller
The Research Institute
34 Marketing Court
Princeton, NJ 08540

Dear Ms. Heller,

As marketing companies are increasingly called upon to supply information on magazine readership to publishers, there is a growing need for trained and experienced professionals in the field.

Through my marketing/research experiences and my master's thesis, which have particularly dealt with improving marketing research studies so they can better define magazine audiences to potential advertisers, I am certain I could give you valuable assistance in satisfying research demands, managing key projects, and improving the marketing tools you currently use.

I will be completing my master's degree in December and would be interested in making a significant contribution to the Research Institute's profitability in a marketing/research capacity.

I am sure my services would be useful to you, and I will call you in early October to discuss an interview.

Thank you for your time and consideration.

Sincerely,

Scott Morris

Classified Ad Response Cover Letter

1090 Peachtree Lane, #4
Atlanta, GA 30303
404/555-3030

Ms. Judy Sumner
Atlanta Board of Education
45 Peachtree Blvd.
Atlanta, GA 30303

Dear Ms. Sumner,

Perhaps I am the "multi-talented teacher" you seek in your "Multi-Talented Teacher" advertisement in today's Atlanta Constitution. I'm a versatile teacher, ready to substitute, if necessary, as early as next week. I have the solid teaching experience you specify as well as the strong computer skills you desire.

I am presently affiliated with a highly regarded private elementary school. Mr. Craig, the headmaster, will certainly give you a good reference. The details of your advertisement suggest to me that the position will involve many of the same responsibilities that I am currently performing.

In addition to the planning, administration, and student-parent counseling duties I highlight in my resume, please note that I have a master's degree as well as a teaching certificate from the state of Georgia.

Knowing how frantic you must be without a fifth grade teacher, I will call you in a few days. Or if you agree upon reviewing my letter and resume that I am the teacher you need, call me at the home number listed above, or at 555-7327 during business hours.

Thanking you most sincerely for your time and consideration.

Cordially,

Maria Plazza-Smith

Email Cover Letter

Date: Tues, 15 May 2003 19:52:59 -0700 (EDT)
From: kevin lee smith [ksmith@yahoo.com]
Subject: Seasoned Sales Rep With MBA Ideal for Regional Sales Manager (mtt-01/3439)
To: scott.hent@marriott.com

Dear Mr. Hent,

Having broken sales records and exceeded sales quotas in all my previous positions and recently completed my MBA in marketing from the Stern School of Managerial Leadership at Florida State University, I am an ideal candidate for the regional sales manager position at Marriott Vacation Club International.

As the leading sales representative for Disney Vacation Club, I developed key sales material, trained new sales reps, and reinvented the way club memberships are sold. My team's revenue was more than double the average for the entire operation.

The vacation club industry is a dynamic and growing industry, and I am convinced I can help Marriott grow its reputation and dominant position in the industry.

We should meet to discuss the position. I will contact you in the next 10 days to arrange an interview. Should you have any questions before that time, please feel free to call me at 904-555-2341 or email me. Thank you for your time and consideration.

Cordially,

Kevin Lee Smith

Cover Letter to Recruiters/Headhunters

Carmen R. Ellison
624 S. Church St.
Mt. Laurel, NJ 08054
609.555.0262
E-Mail: TEllison@home.com

June 30, 2003

Mr. Barton Keene
Able Employment Recruitment
3400 Einstein Parkway
Princeton, NJ 08540

Dear Mr. Keene:

If you have a client seeking a brand strategist who can deliver bottom-line results, I'd like to make a strong case for myself. My track record in business-to-business international branding and marketing has helped enhance the reputations of such firms as Bank of America, The Nikkei Stock Market, Northern Telecom, and Intel, to name a few. I am contacting you as I believe it is time for a change. My employer is in the process of merging with another company, so the time seems right to move on.

Of particular interest to your client firms:

- I have demonstrated my strategic ability through successfully launching companies, communications departments, Web sites, PR programs, ad campaigns, branding programs, and more.
- I have consistently contributed my leadership skills in a corporate setting, while managing the creative process, motivating and empowering team members, fine-tuning marketing plans, and juggling multiple projects. I am a proficient top manager and profit-minded leader.
- Time and again, my initiatives have resulted in increased awareness and press coverage, successful advertising campaigns, and winning branding strategies.

I am particularly interested in positions in the <u>San Francisco Bay area</u> that start at a salary range of <u>$80K to $100K</u>, in the following categories: <u>marketing partner at a venture capital firm</u>, entailing leveraging marketing opportunities for the portfolio companies and advising them on branding and marketing strategies; <u>brand strategist and global head of marketing</u> for a service-oriented preferably global business; <u>senior-management role</u> in a mid-sized integrated agency specializing in advertising, PR, and interactive services; <u>marketing and communications head</u> for a high-end financial services boutique; <u>high-end headhunter or right-hand</u> in a large philanthropic organization.

I'd like to meet with you to discuss adding value to one of your client firms as I've done for my previous employers. I'll contact you soon to arrange a meeting. Should you wish to contact me before then, I can be reached during the day on my direct line (609.555.6325) or at home most evenings (609.555.0262).

Sincerely,

Carmen R. Ellison

Application Check list

Yourself

Watch	Clean and unwrinkled clothes
Your mood	Shower
Brushed teeth	Deodorant
Neat Hair	Clean Hands
Trimmed Nails	Clean Shoes
No or light Perfume	Breath mints(if needed)

Application

Picture identification	Social Security card
Your phone number	Your address
Past employment info.	Reference complete info.
Your phone number	Résumé
Extra pen and paper	Questions for interviewer

APPLICATION FOR EMPLOYMENT

APPLICATION FOR EMPLOYMENT	PRE-EMPLOYMENT QUESTIONNAIRE
	AN EQUAL OPPORTUNITY EMPLOYER

PERSONAL INFORMATION

NAME(LAST NAME, MIDDLE I., FIRST NAME)		SOCIAL SECURITY NO.		
PRESENT ADDRESS	APT.NO.	CITY	STATE	ZIP
MAILING ADDRESS	APT.NO.	CITY	STATE	ZIP
ARE YOU 18 YEARS OR OLDER YES NO	PHONE			

DESIRED EMPLOYMENT

POSITION	DATE YOU CAN START	SALARY DESIRED
ARE YOU EMPLOYED NOW YES NO	IF SO MAY WE INQUIRE OF YOUR PRESENT EMPLOYER? YES NO	
EVER APPLIED TO THIS COMPANY BEFORE? YES NO	WHERE?	WHEN?
EVER WORKED FOR THIS COMPANY BEFORE? YES NO	WHERE?	WHEN?
REASON FOR LEAVING		
NAME OF LAST SUPERVISOR AT THIS COMPANY		
WHO REFERRED YOU TO THIS COMPANY? EMPLOYMENT AGENCY NEWSPAPER ADVERTISING FRIEND		
STATE EMPLOYMENT OFFICE COLLEGE PLACEMENT SERVICE WALK IN OTHER		

EDUCATION

SCHOOL LEVEL	NAME AND LOCATION OF SCHOOL	NO. OF YEARS ATTENDED	DID YOU GRADUATE?	SUBJECTS STUDIED
GRAMMAR SCHOOL				
HIGH SCHOOL				
COLLEGE				
TRADE, BUSINESS OR CORRESPONDENCE SCHOOL				

GENERAL

SUBJECTS OF SPECIAL STUDY OR RESEARCH WORK
SPECIAL TRAINING
SPECIAL SKILLS

FORMER EMPLOYERS

LIST BELOW LAST THREE EMPLOYERS, STARTING WITH THE MOST RECENT

NAME OF PRESENT OR LAST EMPLOYER

ADDRESS		CITY	STATE	ZIP
STARTING DATE	LEAVING DATE		JOB TITLE	
STARTING SALARY	FINAL SALARY		MAY WE CONTACT YOUR SUPERVISOR? YES NO	
NAME OF SUPERVISOR	TITLE		PHONE	

DESCRIPTION OF WORK

REASON FOR LEAVING

NAME OF PREVIOUS EMPLOYER

ADDRESS		CITY	STATE	ZIP
STARTING DATE	LEAVING DATE		JOB TITLE	
STARTING SALARY	FINAL SALARY		MAY WE CONTACT YOUR SUPERVISOR? YES NO	
NAME OF SUPERVISOR	TITLE		PHONE	

DESCRIPTION OF WORK

REASON FOR LEAVING

NAME OF PREVIOUS EMPLOYER

ADDRESS		CITY	STATE	ZIP
STARTING DATE	LEAVING DATE		JOB TITLE	
STARTING SALARY	FINAL SALARY		MAY WE CONTACT YOUR SUPERVISOR? YES NO	
NAME OF SUPERVISOR	TITLE		PHONE	

DESCRIPTION OF WORK

REASON FOR LEAVING

REFERENCES

BELOW, GIVE THE NAMES OF THREE PERSONS YOU ARE NOT RELATED TO, WHOM YOU HAVE KNOWN AT LEAST ONE YEAR

	NAME	ADDRESS	YEARS ACOUAINTED
1			
2			
3			

SERVICE RECORD

BRANCH OF SERVICE	DISCHARGE DATE RATE

HAVE YOU BEEN CONVICTED OF A FELONY WITHIN THE LAST 5 YEARS	YES	NO
IF YES, EXPLAIN.(WILL NOT NECESSARILY EXCLUDE YOU FROM CONSIDERATION)		

AUTHORIZATION

"I CERTILY THAT THE FACTS CONTAINED IN THIS APPLICATIN ARE TRUE AND COMPLETE TH THE BEST OF MY KNOWLEDGE AND UNDERSTAND THAT, IF EMPLOYED, FALSIFIED STATEMENTS ON THIS APPLICATION SHALL BE GROUNDS FOR DISMISSAL.

I AUTHORZE INVESTIGATION OF ALL STATEMENTS CONTAINED HEREIN AND THE REFERENCES AND EMPLOYERS LISTED ABOUT TO GIVE YOU ANY AND ALL INFORMATION CONCERNING MY PREVIOUS EMPLOYMENT AND ANY PERTINENT INFORMATION THEY MAYGAVE, PERSONAL OR OTHERWISE AND RELEASE THE COMPANY FROM ALL LIABILIY FOR ANY DAMAGE THAT MAY RESULT FROM UTILIZATION OF SUCH INFORMATION.

I ALSO UNDERSTAND AND AGREE THAT NO REPRESENTIVE OF THE COMPANY HAS ANY AUTHORITY TO ENTER INTO ANY AGREEMENT FOR EMPLOYMENT FOR ANY SPECIFIED PERIOD OF TIME, OR TO MAKE ANY AGREEMENT CONTRARY TO THE FORGOING, UNLESS IT IS IN WRITING AND SIGNED BY AN AUTHRIZED COMPANY REPRESNTATIVE."

DATE   SIGNATURE

52

How to fill out an application correctly

When you fill out your application you must make sure it
is done completely and correctly. Don't omit anything on it
also, if it doesn't apply put N/A. Never leave a blank box
so that it looks like you missed something.

I will break down the application process into sections, to show you
how to fill it out completely.

APPLICATION FOR EMPLOYMENT		PRE-EMPLOYMENT QUESTIONNAIRE		
PERSONAL INFORMATION		AN EQUAL OPPORTUNITY EMPLOYER		
NAME(LAST NAME, MIDDLE I., FIRST NAME)		SOCIAL SECURITY NO.		
PRESENT ADDRESS	APT.NO.	CITY	STATE	ZIP
MAILING ADDRESS	APT.NO.	CITY	STATE	ZIP
ARE YOU 18 YEARS OR OLDER YES NO	PHONE			

Make sure you look to see how to put your name, last name first or first
name last. Most companies want a copy of your Social Security Card,
and a picture I.D. Have your present address with a zip code. If you have
a different mailing address, have that too. Some may ask for a previous
address, so have it just in case. If you have a home phone and a cell phone
put both if there is room. If you only have one with an answering machine,
use that one. Answer the age questions too. Some may have one if you're
over 21 years of age.

Application section 2

DESIRED EMPLOYMENT			
POSITION		DATE YOU CAN START	SALARY DESIRED
ARE YOU EMPLOYED NOW YES NO	IF SO MAY WE INQUIRE OF YOUR PRESENT EMPLOYER? YES NO		
EVER APPLIED TO THIS COMPANY BEFORE? YES NO		WHERE?	WHEN?
EVER WORKED FOR THIS COMPANY BEFORE? YES NO		WHERE?	WHEN?
REASON FOR LEAVING			
NAME OF LAST SUPERVISOR AT THIS COMPANY			
WHO REFERRED YOU TO THIS COMPANY? EMPLOYMENT AGENCY NEWSPAPER ADVERTISING FRIEND			
STATE EMPLOYMENT OFFICE COLLEGE PLACEMENT SERVICE WALK IN OTHER			

For position, put the one you would like the most. Some companies will
have more than one. Put the earliest date you can start work for this
company. If you're not sure what is a good starting rate, put OPEN and
don't just leave it blank. You want them to know you didn't just fill
it out. Put if you're working or not, even if you think they know. If
there is a reason why they shouldn't contact your employer put NO
but be ready to answer why they can't. Otherwise, put YES. If you
have worked for this company before, fill out all the parts for that. If
you have not worked that this company put N/A in all of the parts about
working for this company. Tell them how you found out about this
job, if this is a person put their name in Other.

Application section 3

EDUCATION				
SCHOOL LEVEL	NAME AND LOCATION OF SCHOOL	NO. OF YEARS ATTENDED	DID YOU GRADUATE?	SUBJECTS STUDIED
GRAMMAR SCHOOL				
HIGH SCHOOL				
COLLEGE				
TRADE, BUSINESS OR CORRESPONDENCE SCHOOL				

GENERAL
SUBJECTS OF SPECIAL STUDY OR RESEARCH WORK
SPECIAL TRAINING
SPECIAL SKILLS

Most people neglect parts of this section. When you fill out all of your application, you are showing your attention to detail. You can put the city your school was in for school location. For grammar and high school, you can put general subjects studied, but put something. If you didn't go to a trade, business, or correspondence school put N/A. If you have any kind of special training skills put it in, even if it wasn't very long. Just write N/A if you have nothing to place in it.

Application section 4

FORMER EMPLOYERS			
LIST BELOW LAST THREE EMPLOYERS, STARTING WITH THE MOST RECENT			
NAME OF PRESENT OR LAST EMPLOYER			
ADDRESS	CITY	STATE	ZIP
STARTING DATE	LEAVING DATE	JOB TITLE	
STARTING SALARY	FINAL SALARY	MAY WE CONTACT YOUR SUPERVISOR? YES NO	
NAME OF SUPERVISOR	TITLE	PHONE	
DESCRIPTION OF WORK			
REASON FOR LEAVING			

This section will vary from company to company. Some want only your last few jobs and others will want up to 10 years. It would be best to have your complete work history going back ten years. If you don't have a full address with the street numbers, put the street name at least. If you don't have the zip code put a line in it to show you just didn't skip over it. If possible, look up all your past work addresses. If you can't remember the day of the month for your starting or leaving dates, put the month and year.

Place your supervisor's full name, if not known, a first or last name is good. You should have the phone numbers for all your past employments, place the area code if in varying area codes. List the most important work duties first. If you don't have a good reason for leaving a past job, try to make it sound as pleasant as possible.

When you are filling out all your past work history, there must be no gaps in time. If you didn't work because of illness, family, school, or pregnancy, you must put it in the work history.

Application section 5

REFERENCES		
BELOW, GIVE THE NAMES OF THREE PERSONS YOU ARE NOT RELATED TO, WHOM YOU HAVE KNOWN AT LEAST ONE YEAR		
NAME	ADDRESS	YEARS ACOUAINTED
1		
2		
3		

SERVICE RECORD	
BRANCH OF SERVICE	DISCHARGE DATE RATE

Your references are very important because they WILL contact them to confirm that they know you. You **must** have correct addresses and most will ask for a phone number also. If you use someone as a reference make sure you tell them. The last thing you need is someone to give you a bad reference. If you say you know them for a time period make sure they know the amount of time it is.

Place N/A if you were not in the service.

Application section 6

HAVE YOU BEEN CONVICTED OF A FELONY WITHIN THE LAST 5 YEARS	YES	NO
IF YES, EXPLAIN.(WILL NOT NECESSARILY EXCLUDE YOU FROM CONSIDERATION)		

AUTHORIZATION

"I CERTILY THAT THE FACTS CONTAINED IN THIS APPLICATIN ARE TRUE AND COMPLETE TH THE BEST OF MY KNOWLEDGE AND UNDERSTAND THAT, IF EMPLOYED, FALSIFIED STATEMENTS ON THIS APPLICATION SHALL BE GROUNDS FOR DISMISSAL.

I AUTHORZE INVESTIGATION OF ALL STATEMENTS CONTAINED HEREIN AND THE REFERENCES AND EMPLOYERS LISTED ABOUT TO GIVE YOU ANY AND ALL INFORMATION CONCERNING MY PREVIOUS EMPLOYMENT AND ANY PERTINENT INFORMATION THEY MAYGAVE, PERSONAL OR OTHERWISE AND RELEASE THE COMPANY FROM ALL LIABILIY FOR ANY DAMAGE THAT MAY RESULT FROM UTILIZATION OF SUCH INFORMATION.

I ALSO UNDERSTAND AND AGREE THAT NO REPRESENTIVE OF THE COMPANY HAS ANY AUTHORITY TO ENTER INTO ANY AGREEMENT FOR EMPLOYMENT FOR ANY SPECIFIED PERIOD OF TIME, OR TO MAKE ANY AGREEMENT CONTRARY TO THE FORGOING, UNLESS IT IS IN WRITING AND SIGNED BY AN AUTHRIZED COMPANY REPRESNTATIVE."

DATE   SIGNATURE

This is the last part of filling out an application. If you have a felony you must tell them. If you don't and you have one you will be terminated. The last section is on the right, for the company to look into your information you have given. As in your résumé you must have correct information. Be sure you sign and date it.

58

APPLICATION FOR EMPLOYMENT

PERSONAL INFORMATION

NAME(LAST NAME, MIDDLE I., FIRST NAME)		SOCIAL SECURITY NO.	
Ackerman, W, James		**000-00-0000**	

PRESENT ADDRESS	APT.NO.	CITY	STATE	ZIP
436 34th Street	**N/A**	**Reno**	**Nv**	**78143**

MAILING ADDRESS	APT.NO.	CITY	STATE	ZIP
Same as above				

ARE YOU 18 YEARS OR OLDER	PHONE
X YES NO	**546-1834**

DESIRED EMPLOYMENT

POSITION	DATE YOU CAN START	SALARY DESIRED
Cashier	**10/07/00**	**Open**

ARE YOU EMPLOYED NOW	IF SO MAY WE INQUIRE	
X YES NO	OF YOUR PRESENT EMPLOYER? **X** YES NO	

EVER APPLIED TO THIS COMPANY BEFORE?	WHERE? **N/A**	WHEN? **N/A**
YES **X** NO		

EVER WORKED FOR THIS COMPANY BEFORE?	WHERE? **N/A**	WHEN? **N/A**
YES **X** NO		

REASON FOR LEAVING   **N/A**

NAME OF LAST SUPERVISOR AT THIS COMPANY   **N/A**

WHO REFERRED YOU TO THIS COMPANY?

     EMPLOYMENT AGENCY   NEWSPAPER ADVERTISING   FRIEND

     STATE EMPLOYMENT OFFICE

COLLEGE PLACEMENT SERVICE   WALK IN   **X** OTHER   **Tom Bank**

EDUCATION

SCHOOL LEVEL	NAME AND LOCATION OF SCHOOL	NO. OF YEARS ATTENDED	DID YOU GRADUATE?	SUBJECTS STUDIED
GRAMMAR SCHOOL	**Haycocks-Ventura, Ca.**	**6**	**YES**	**General**
HIGH SCHOOL	**Braun Park-Ventura, Ca.**	**4**	**YES**	**General**
COLLEGE	**N/A**	**N/A**	**N/A**	**N/A**
TRADE, BUSINESS OR CORRESPONDENCE SCHOOL	**N/A**	**N/A**	**N/A**	**N/A**

GENERAL

SUBJECTS OF SPECIAL STUDY OR RESEARCH WORK   **N/A**

SPECIAL TRAINING   **Bank teller**

SPECIAL SKILLS   **Maintaining a cashiers bank drawer**

FORMER EMPLOYERS

LIST BELOW LAST THREE EMPLOYERS, STARTING WITH THE MOST RECENT

NAME OF PRESENT OR LAST EMPLOYER				
	Bob's Casino			
ADDRESS		CITY	STATE	ZIP
342 2nd Street		Reno	NV	91118
STARTING DATE	LEAVING DATE		JOB TITLE	
10/04/99	09/05/00		Cashier	
STARTING SALARY	FINAL SALARY		MAY WE CONTACT	
$4.25 hour	$4.50 hour		YOUR SUPERVISOR? X YES NO	
NAME OF SUPERVISOR	TITLE		PHONE	
Tom Bank	Supervisor		453-9860	
DESCRIPTION OF WORK				
Cashing checks, making change				
REASON FOR LEAVING				
Over Staffed				

NAME OF PREVIOUS EMPLOYER				
	Illness			
ADDRESS		CITY N/A	STATE N/A	ZIP N/A
N/A				
STARTING DATE	LEAVING DATE		JOB TITLE N/A	
08/01/99	10/01/99			
STARTING SALARY	FINAL SALARY N/A		MAY WE CONTACT	
N/A			YOUR SUPERVISOR? N/A YES NO	
NAME OF SUPERVISOR	TITLE N/A		PHONE N/A	
N/A				
DESCRIPTION OF WORK				
N/A				
REASON FOR LEAVING				
Broke leg				

NAME OF PREVIOUS EMPLOYER				
	Cal-Reno Casino			
ADDRESS		CITY	STATE	ZIP
937 Bird Way		Reno	NV	97832
STARTING DATE	LEAVING DATE		JOB TITLE	
04/27/96	09/99		Cashier	
STARTING SALARY	FINAL SALARY		MAY WE CONTACT	
$3.60 hour	$4.40 Hour		YOUR SUPERVISOR? X YES NO	
NAME OF SUPERVISOR	TITLE		PHONE	
Tim	Swing Shift Supervisor		425-9154	
DESCRIPTION OF WORK				
Cashing checks, making change				
REASON FOR LEAVING				
Illness				

REFERENCES

BELOW, GIVE THE NAMES OF THREE PERSONS YOU ARE NOT RELATED TO, WHOM YOU HAVE KNOWN AT LEAST ONE YEAR

	NAME	ADDRESS	YEARS ACOUAINTED
1	Bob Kudsen	1532 1st. street Reno, Nv. 89111	3
2	Betty Smith	5713 "L" road Littlerock, Ca. 78437	5
3	James Barios	453 Bed Street Reno, Nv. 89115	4

SERVICE RECORD

BRANCH OF SERVICE N/A	DISCHARGE DATE RATE N/A

HAVE YOU BEEN CONVICTED OF A FELONY WITHIN THE LAST 5 YEARS   YES   X NO
IF YES, EXPLAIN.(WILL NOT NECESSARILY EXCLUDE YOU FROM CONSIDERATION)

AUTHORIZATION

"I CERTILY THAT THE FACTS CONTAINED IN THIS APPLICATIN ARE TRUE AND COMPLETE TH THE BEST OF MY KNOWLEDGE AND UNDERSTAND THAT, IF EMPLOYED, FALSIFIED STATEMENTS ON THIS APPLICATION SHALL BE GROUNDS FOR DISMISSAL.

I AUTHORZE INVESTIGATION OF ALL STATEMENTS CONTAINED HEREIN AND THE REFERENCES AND EMPLOYERS LISTED ABOUT TO GIVE YOU ANY AND ALL INFORMATION CONCERNING MY PREVIOUS EMPLOYMENT AND ANY PERTINENT INFORMATION THEY MAYGAVE, PERSONAL OR OTHERWISE AND RELEASE THE COMPANY FROM ALL LIABILIY FOR ANY DAMAGE THAT MAY RESULT FROM UTILIZATION OF SUCH INFORMATION.

I ALSO UNDERSTAND AND AGREE THAT NO REPRESENTIVE OF THE COMPANY HAS ANY AUTHORITY TO ENTER INTO ANY AGREEMENT FOR EMPLOYMENT FOR ANY SPECIFIED PERIOD OF TIME, OR TO MAKE ANY AGREEMENT CONTRARY TO THE FORGOING, UNLESS IT IS IN WRITING AND SIGNED BY AN AUTHRIZED COMPANY REPRESNTATIVE."

09/12/00   **James Ackerman**

DATE   SIGNATURE

Interview Check list

Yourself

Watch	Clean and unwrinkled clothes
Your mood	Shower
Brushed teeth	Deodorant
Neat Hair	Clean Hands
Trimmed Nails	Clean Shoes
No or light Perfume	Breath mints(if needed)

Interview

Picture identification	Social Security card
Your phone number	Your address
Past employment info.	Reference complete info.
Your phone number	Resume
Extra pen and paper	Questions for interviewer

Interviews

There are many aspects to a successful interview. I have broken it down into sections to make it easier to get through. There are Do's and Don'ts to interviews, with both sides asking important questions.

Your Interview Do's

There are DO's and DON'TS to all interviews. Of course there are a lot more DON'TS. I will go over both in this section.

Do your homework

You should spend some time researching the future company you will be working for. Try to memorize or take notes on this company. It will help build confidence in the upcoming questions you will be getting.

Practice makes perfect

Go over the information you researched a few times. Make a copy of your talents and skills, then look them over to reassure yourself on your abilities. Write down the questions you may ask the interviewer and say them aloud a few times.

Self-Promotion

Show that you are confident in your skills when it is relevant to the topic at hand. Employers are more likely to hire a person who can effectively communicate their accomplishments with confidence. Try not to change the subject to show the interviewer your strengths.

Compliments

Flattery will help you when you are talking to your interviewer. Everyone likes it when you hear something positive about them or the company they work for. When you give compliments, it shows that you look at things in a positive perspective. It shows you have done some research about that company when you say something good about it. Just try not to over do it.

Your Interview Don'ts

Never make negative comments about former employers
Future employers don't want to hear negative comments about
past employers. It will only reflect badly on you.

**Don't bring up salary or benefits in the first interview
(unless they do first)**
If they ask you first you may ask something brief, do not dwell
on it.

Don't use disclaimers
Don't say things like "I don't want to brag or I was lucky to".
Use "I did or I accomplished".

Don't be overly Friendly
You should be nice but remember it's an interview
for your future job. You want to keep it as professional
as possible. You don't want to let your guard down and
say something that will not be appropriate. Don't ask
about special treatment, even if you think or was told
you will get it.

Avoid strong body signs or expressions.
When you shake hands you want a firm but not tight hand
shake. You don't need to hold their arm or pat them on the back,
it's an interview not a date. When you are talking try not to
over use your hands. Don't lean back in the chair and put your
hands in back of your head. You don't want to be caught looking
around the room and not paying attention to what they are saying.

Don't ask questions you know you shouldn't
If you want Career Coaching, wait until you get the job.
Don't ask about others applying for the same job.

Sample Interview Questions

Tell me about yourself and your career.

What are some of your career strengths / weaknesses?

What have your last three evaluations said about you?

In relation to dealing with customers, what has been your experience?

Are you able to multi-task? Give me some examples.

What areas of your abilities would you like to improve upon?

How would your colleagues describe you?

What function of your job do you like / dislike most?

Tell me about your character.

Why do you want to work for this company?

Do you work well under pressure? What was your greatest achievement while under pressure?

What type of rewards are you seeking regarding this position?

How do your management styles differ from others in your field?

Tell me about the procedures you intend to implement once in the position?

Where do you see yourself in five-, ten-, or fifteen- years?

Are there any concerns you have about this position?

In 20 words or less, tell me why we should hire you.

What opportunities do you expect to achieve within this position?

What makes you a leader rather than a follower?

What tactics or tools do you utilize to overcome stress?

What is your least favorite duty and why?

What is your favorite duty and why?

Explain your tactics for dealing with a personal conflict with a colleague.

Describe how your skill set will benefit this company.

Describe your greatest obstacle when dealing with a client and how you overcame it.

What are your short- and long-term goals?

What are your salary requirements?

Why did you leave your last job?

Do you have any questions for me?

If you were a tree, what kind of tree would you be?

What religion are you?

I will go over some of the questions but you can use basic answers for the others. The main thing is to make sure you don't have bad answers, stay with positive answers. The last question is very important, so make sure you read the answer for it.

Tell me about yourself and your career.

Try to keep the answer to your accomplishments and strengths from previous jobs. How these will relate to the job you are applying for.

Why Did You Leave Your Last Job?
The main part to this answer is to stay positive. The biggest sign of a troublemaker is someone who talks badly about a past employer. If you were fired, be honest but as least damaging as possible. Explain what you learned from the experience and how it makes you an even stronger employee today. If you were laid-off tell them why. If you quit, stay positive and honest.

What's Your Biggest Weakness?
Tell about a weakness but have an answer how you are working on making it better. Here are a few examples:

"I tend to be a perfectionist."

"I used to have a tendency to procrastinate. So now I am always sure to set a strict schedule for all of my projects well in advance and I set personal deadlines. This organization has really helped."

"Once in a while, I focus too much on the details of a project. So now, when I'm working on a project, I always make sure at the end of the day to sit back and take a few minutes to think about the general scope of my work. It forces me to keep priorities straight and helps me keep the right mindset."

In 20 words or less, tell me why we should hire you.
When you are telling them why they should hire you, don't boast too much and stay confident. Talk about your accomplishments and strengths that will make you a good employee for this company. Tell them about your strong work ethics and integrity.

Do You Have Any Questions for Me?
Be sure to say yes when asked this question. You want to ask between 2-4 questions. Remember it's your interview not theirs. Here are some sample questions:

What is your ideal employee?

What type of employee excels in this company?

What are the most import skills for this job?

How would you describe your ideal candidate?

Can you tell me more about the interview process?

What is a common career path at the company for someone
in this job?

What is your approach to solving problems?

After an adjustment period, can I take on additional learning
opportunities and/or duties to expand my working knowledge?

How do you measure success on the job?

Can you tell me about the people I'd be working with?

If you were a tree, what kind of tree would you be?
Interviewers usually ask these questions to see how you react
under pressure and how well you handle the unexpected. It's
not so important what type of tree you choose as that you explain
your choice in a way that makes you look favorable. So, be a
spruce, because you want to reach new heights in your career.
Or be an oak, because you plan to put down roots at the company.
Either way, you'll get it right.

What religion are you?

This is a question that an interviewer should never ask, but you may run into one that does. Most interviewers are not out to discriminate against job applicants. Many of the illegal questions that interviewers ask are unintentional. There are a few ways of answering these questions.

Just answer the question.

If you don't mind providing the information and you don't want to make waves, you can respond to the question and move on to the next one. Keep in mind, however, that you should only answer the question if you truly are comfortable providing the information, it could come back to haunt you.

Refuse to answer the question.

Inform the interviewer that the question doesn't seem to be legal or relevant to the specific requirements of the job. Be forewarned, though, that such a direct response should really be saved for questions that are offensive or deeply troubling.

Don't answer the question, but answer the intent behind the question.

This is usually the best option, since it allows you to provide a tactful answer without sacrificing your rights. To answer the intent behind the question, try to figure out what the interviewer REALLY wants to know. For example, if the interviewer asks if you are a U.S. citizen (which is an illegal question), a smart answer would be, "If you mean to ask if I am legally authorized to work for you, the answer is yes." In cases like these, it's best to rephrase the question into a legal one and then answer it. This displays flexibility and composure -- strong job skills. If you are certain that an interviewer asked you an illegal interview question with the intent of using your answer as a basis for a hiring decision, you can call EEOC.

Race	Color	Sex	Religion	National origin	Age	Disability

To file a charge, contact your local EEOC office. To find your local branch, go to the EEOC "Filing a Charge" Web page here:

http://www.eeoc.gov/facts/howtofil.html

Your questions

If you are asked if you have any questions, say yes. You want
to ask a few important questions, but not too many. Keep it
to about 2-4 questions. It's your interview, not theirs.

What is your ideal employee?

What type of employee excels in this company?

What are the most import skills for this jib?

How would you describe your ideal candidate?

Can you tell me more about the interview process?

What is a common career path at the company for someone
in this job?

What is your approach to solving problems?

After an adjustment period, can I take on additional learning
opportunities and/or duties to expand my working knowledge?

How do you measure success on the job?

Can you tell me about the people I'd be working with?
All of these questions will give you an idea about the company
you will be working for. It will also show the interviewer that
you are really interested in their company.

Your Presentation
The way you walk, talk, look, and sit all make a difference in
how you do in your interview. Make sure when you greet them
you look them in the eyes. When you shake hands use a firm but
not tight grip. Unless they tell you to sit, let them sit first. When
you sit do not lean back, lean forward about 10 degrees. Leaning
back gives the attitude that your too relaxed. When the interviewer
is talking make sure you are looking at them and not looking around
the room. When you answer or ask questions respond with
confidence.

When Is Not a Good Time to Talk?
This is if you get a phone interview. You may get a phone call
from the company you applied for. Sometimes there is bad timing
for that call, would it be better to continue with the interview or
ask them to call back. If there are distractions like, noise,
bad cell phone, or you're completely unprepared, it would be
better to reschedule. If you have to reschedule your interview
be sure to take the name and number, and when it would be a good
time to return their call. After you have all the information repeat it
back to them.

Closing the interview
The final few minutes are crucial and you don't want to
blow it at the end. Your final words should be enthusiastic
and confident. Use the final few minutes of your job interview
to emphasize the skills that make you right for the job. This will
ensure that your strengths will be one of the last things that the
interviewer hears. You'll want to sound smooth and natural,
not boastful. Start by saying how impressed you are with the
company and the people you've met. Then transition into why
you'd be a good fit for the position. Ask about the next step
in the hiring process, and if you should call them back for a
follow up. Look them in the eye when speaking. Thank them
 by name and firmly shake their hand when saying goodbye.

Thank you letters

Following an interview, promptly (within 2 business days) write the interviewer a letter expressing appreciation and thanks for the interview. The purpose of this letter is to:

- Shows that you are courteous, knowledgeable and professional.
- Demonstrates your written communication skills.
- Helps to make you stand out in the minds of the interviewers.
- Elevates you above competing candidates who didn't bother to write them.
- Gives you an opportunity to reinforce your good points.
- Allows you to include something important you forgot to mention during your interview.
- Confirms your understanding of topics discussed and helps to avoid misunderstandings.

Following an interview, promptly (within 2 business days) write the interviewer a letter expressing appreciation and thanks for the interview. Always send a thank you letter to each of your interviewers by fax, mail or email. Email is the quickest way to get thank you letters in front of interviewers, and is perfectly acceptable these days. But avoid using cutesy Net stuff, like emoticons (e.g., happy faces), shorthand and acronyms (e.g., u for you and TIA for thanks in advance).

General Thank you letter
7 Apple Court
Eugene, OR 97401
503-555-0303

Mr. Archie Weatherby
California Investments, Inc.
25 Sacramento Street
San Francisco, CA 94102

Dear Mr. Weatherby,

Thank you for taking the time to discuss the insurance broker position at California Investments, Inc., with me. After meeting with you and observing the company's operations, I am further convinced that my background and skills coincide well with your needs.

I really appreciate that you took so much time to acquaint me with the company. It is no wonder that California Investments retains its employees for so long. I feel I could learn a great deal from you and would certainly enjoy working with you.

In addition to my qualifications and experience, I will bring excellent work habits and judgment to this position. With the countless demands on your time, I am sure that you require people who can be trusted to carry out their responsibilities with minimal supervision.

I look forward, Mr. Weatherby, to hearing from you concerning your hiring decision. Again, thank you for your time and consideration.

Sincerely,

John Oakley

Thank You Letter that stresses you fit in

7 Apple Court
Eugene, OR 97401
503-555-0303

Dr. Steven Page
Rolling Hills School Health Clinic
5 Main Street
San Francisco, CA 94102

Dear Dr. Page:

Thank you so much for taking the time to interview me today for the social worker position.

I felt a wonderful rapport not only with you, but with the whole Rolling Hills School Health Clinic staff. I am more convinced than ever that I will fit in beautifully as a member of the team and contribute my skills and talents for the benefit of schoolchildren in the Rolling Hills district.

I can make myself available for any further discussions of my qualifications that may be needed.

Again, Dr. Page, I very much appreciate you and your staff taking so much time to talk with me about this exciting opportunity.

Sincerely,

John Oakley

Thank You Letter that Builds on Strengths of the Interview

7 Apple Court
Eugene, OR 97401
503-555-0303

Dr. David Kresgee
Great Fault Labs
5 Main Street
San Francisco, CA 94102

Dear Dr. Kresgee:

I'd like to thank you for talking with me about the research- assistant position in your seismology lab. I truly appreciate all the time and care you took in telling me about the job and learning more about me.

I'm so pleased that you agree that my senior research project in seismology provides me with excellent experience for this position. I am eager to bring my passion for seismology to the research-assistant position, and I am convinced the knowledge and experience I've already cultivated make me the best researcher for the job.

I very much look forward to learning of your decision soon. Please feel free to contact me if you need more information about my qualifications.

Thank you again for the exhilarating interview.

Sincerely,

John Oakley

Thank You Letter that Mentions Interview Afterthoughts

7 Shawnee Road
Short Hills, NJ 07078
201-555-0303

Ms. Tess Bonwitt
Razzle Magazine
1010 Madison Avenue
New York, NY

Dear Ms. Bonwit:

I'd like to thank you for the time you spent talking with me about the marketing-research analyst position you have open at *Razzle* magazine. I am very excited about this position and convinced that my marketing training equips me more than adequately for the job.

I meant to mention during the interview that last summer I attended a three-week intensive seminar on SPSS, the foremost marketing-research software package. I know the job description mentions the ability to use SPSS, and I wanted to make sure you knew that I am extremely well-versed in the use of this software. Please contact me if you have any questions about my ability with this program or about any of my other qualifications.

As you know, my work-study position in the institutional research office here at Rutgers provided an excellent background for marketing- research work.

I look forward to hearing from you soon about the position, and I again thank you for meeting with me.

Sincerely,

John Oakley

Thank You Letter for a Career/Job Fair

3420 Big Tree Lane
DeLand, FL 32720
386-555-0345

Mr. Gary Barnett
Aerial Communications, Inc.
3407 W. MLK Jr. Blvd.
Tampa, FL 33607

Dear Mr. Barnett,

Thank you for taking the time to meet with me at the Central Florida Career Fair today. I certainly appreciate your time and attention in the midst of so many students seeking jobs.

You were extremely thorough in explaining Aerial's customer service and marketing trainee program. Now that I have a better idea of what the position entails, I am sure that I would be an asset to your team and to Aerial.

My solid education from Stetson University's Marketing Department and the fact that I have worked my way through college show a work ethic and determination, two qualities you said were important to success at Aerial.

I look forward to an opportunity to visit Aerial's Tampa office and speak to you further about the trainee program. I will contact you next week to arrange an appointment.

Thank you again for your time and consideration.

Sincerely,

Rebecca Leddyfern

Follow ups

You've looked professional, filled out the application correctly, had a great interview, and sent a Thank You letter. What more can I do? Well, you don't know how many people applied for the same job, and how much research or red tape this company goes through.

You can call the interviewer on the phone to check the status of your application. If you are able to see the interviewer or the person hiring, then it's better to check with them in-person. This why they can put your name and face together. Sometimes they may interview or see so many people its hard to put names and faces together.

If you call or see them in-person always greet in a friendly manner and tell them you will be checking in with them soon. Unless they tell you not to, check in with them about once a week. This will show them you are willing to invest your time in getting this job. You may not get that job opening but because you have shown determination in working for their company they may give you an opportunity.

You have learned all the skills in getting the job or career that you want. It's not as easy as most people think, that could be why they don't get the job they want. Knowing what to do and what not to do is really important in getting your future job.

Thank you for investing in your future and Good Luck with your improved knowledge in how to get your new job.

-James Ackerman

*En Trafford Publishing creemos en la responsabilidad que todos, tanto individuos como empresas, tenemos al tomar
decisiones cabales cuando estas tienen impactos sociales y ecológicos. Usted, en su posición de lector y autor, apoya
estas iniciativas de responsabilidad social y ecológica cada vez que compra un libro impreso por Trafford Publishing o
cada vez que publica mediante nuestros servicios de publicación. Para conocer más acerca de cómo usted contribuye a
estas iniciativas, por favor visite:http://wwwtrafford.com/publicacionresponsable.html*

*Nuestra misión es ofrecer eficientemente el mejor y más exhaustivo servicio de publicación de libros en el mundo,
facilitando el éxito de cada autor. Para conocer más acerca de cómo publicar su libro a su manera y hacerlo
disponible alrededor del mundo, visítenos en la dirección www.trafford.com/4501*

www.trafford.com/4501

Para Norteamérica y el mundo entero
llamadas sin cargo: 1 888 232 4444 (USA & Canadá)
teléfono: 250 383 6864 ♦ fax: 250 383 6804
correo electrónico: info@trafford.com

Para el Reino Unido & Europa
teléfono: +44 (0)1865 722 113 ♦ tarifa local: 0845 230 9601
facsímile: +44 (0)1865 722 868 ♦ correo electronico: info.uk@trafford.com

10 9 8 7 6 5 4 3 2

Introducción.

¡No puedo creerlo! "Ellos no me dieron empleo porque soy"....

Me desperté a las 8:00am y comencé a buscar empleo en los
Clasificados del periódico. Encontré que tenían disponible una
Posición de Gerente en un restaurante de comida rápida, no había trabajado
en uno antes, ¿podría ser difícil? Yo me Bañé la noche anterior, pues no
necesito bañarme ahora. Tome unas ropas que tenía en una silla y me vestí,
al mirarme en el espejo, mi ropa estaba un poquito arrugada y mi pelo algo
desarreglado. Nada de que preocuparme, es solo una aplicación para empleo
que voy hacer.

  Cuando llegue al restaurante y solicite las formas de la aplicación, me
senté, al comenzar a llenarlas; Preguntaban por información acerca de mis
anteriores empleadores que no tenía, también se me pedía un resumen
adjunto sobre mi experiencia laboral que tampoco tenía. Entonces hice lo
que pude, lo demás se quedo sin completar. Cuando termine, entregue las
formas que había llenado y se me informo que tenia una entrevista en 30
minutos, no tengo reloj ¡Nadie puede imaginar cuan largo pueden ser 30
minutos!, ¡verdad!

Salí a dar una vuelta para esperar por los 30 minutos, cuando creí que era
la hora regrese para la entrevista. Allí se me informo que había llegado 15
minutos tarde pero que de todos modos iba a ser entrevistado, pedí
disculpas y explique que no tenía reloj.

 Cuando entre en la oficina, el representante me fue a dar un saludo de
manos, pero solo dije "oye tú que paso" cuando me pregunto sobre mi
historial de trabajo, respondí que no me acordaba bien de las fechas.
Entonces me pregunto ¿Porque debe usted recibir la posición en oferta y
que puede hacer por el restaurante? ¡Entonces respondí! Yo soy bueno para
dar Ordenes y se muy bien como dirigir, también le hice saber que nunca
había sido Gerente, pero había tenido muchos anteriormente....

 Han pasado algunas semanas desde que pase por la entrevistas y no tengo
empleo todavía. Se que lo hice bien, que mi comportamiento fue el mejor,
¿Tal ves no me emplean porque estoy muy gordo, o porque soy hispano, o
luzco muy viejo para los dirigentes jóvenes por los que fui entrevistado?

 El sentido común no siempre es como pensamos. La lectura anterior puede
que se vea graciosa, pero todos hemos hecho algunas de estas cosas
en algún momento. Este manual esta hecho para ayudar encontrar
el verdadero sentido común cuando necesitamos encontrar empleo.

Razones o mejor dicho excusas de por que….

Todos tenemos nuestra propia razón o excusa de porque no logramos el empleo deseado.

¿Podría ser que no aceptan mi raza, o mi apariencia?

¿Podría ser que estoy muy flaco o gordo, Tal ves mi forma de hablar?

¿Podría ser que soy calvo y me veo muy viejo para mi edad?

¿Tengo muy mala suerte para obtener empleo y no puedo comprar mejores ropas?

¿El entrevistador no entendió mi lenguaje por ser inapropiado?

Todas estas podrían se razones reales, pero son solo más que parte del problema. Cuando decide buscar un empleo, es muy importante que sepa el valor que tiene su primera impresión a la hora de presentarse en una entrevista, su apariencia o modo de hablar pueden ser una razón real por la cual no califique para un empleo.

Ahora, realmente no es tan difícil aprender como lograr un empleo que deseamos. En este manual podrá ver todo lo que usted necesita para encontrar y obtener el empleo que desea y merece. Usted aprenderá donde dirigirse y que hacer cundo lo encuentre. Aprenderá como llenar las formas de las aplicaciones, como hacer un resumen de su historial de trabajo y cual es la opción correcta para usted, y después que encuentre su oportunidad, aprenderá la manera de vestir y conducirse para su primer encuentro con el empleador, también los pasos a seguir después que lleno sus formas de la aplicación y las instrucciones que le ayudaran a pasar su entrevista.

¿Me ofrecería empleo a mi mismo?

Lo que estamos haciendo aquí es echando una mirada a nosotros mismos y vamos hacerlo de manera objetiva y con perspectiva.

¿Es mi apariencia lo suficientemente limpia para presentarme delante de otras personas?
¿Es mi modo de vestir adecuado para lograr un empleo?
¿Estoy actuando de forma correcta para lograr empleo?
¿Tengo un reloj para saber la hora?
¿Como esta mi estado de ánimo para hablar sobre empleo?
¿Sabría como cambiar mi estado de ánimo?
¿Sabría como llenar una aplicación correctamente?
¿Tengo toda la información requerida para buscar empleo?
¿Seria puntal para mi entrevista?
¿Sabría como saludar correctamente?
¿Tengo buenos hábitos?
¿Podría hablar en forma apropiada?
¿Sabría responder preguntas en una entrevista?

Estas son las preguntas más importantes que usted debe darle respuesta porque solo una de estas podrá alejarlo de su objetivo.

Aprendiendo a prepararse.

¿Es mi apariencia lo suficientemente limpia para presentarme delante de otras personas?

Esta pregunta todos creemos saber darle respuesta, Pero algunas veces pensamos que otros no se dan cuenta cuando no estamos con apariencia limpia antes de salir a presentarse delante de otras personas para una llenar una aplicación o alguna entrevista, darse un buen baño es excelente para comenzar, Hacer seguro que usa desodorante, y si usa algún tipo de perfume o colonia, no lo use en cantidad exagerada. Si su cabello es largo o corto debe peinarlo y acomodarlo .Para las damas el uso de maquillaje es para sentirse mejor y no hacer uso exagerado. Los caballeros deben afeitarse o arreglar sus bigotes y barbas, dando una apariencia limpia. Si usted es de piel seca use alguna loción. Cuando de sus manos para saludar a otras personas tenga cuidado de que sus estén limpias y sus uñas arregladas.

¿Es mi modo de vestir el adecuado?

El modo de vestir facilita que otras personas Hagan una evaluación y puedan pensar, "si es descuidado con su apariencia así también lo es para su trabajo." Si usted no abrocha correctamente su camisa y usa sus pantalones sin cinto, esto hace ver como que usted empieza cosas y después no las termina. Empecemos con los colores, las ropas que decida usar que no sean de colores muy brillantes porque esto hace que se vean mas los defectos que tienen. Combine los colores de su ropa de manera elegante y que peguen, que no tenga manchas o arrugas, para esto use una plancha o después que la saque del secador de ropa cuélguelas inmediatamente. Los zapatos debidamente lustrados, Evite por todos los medios el usar tenis deportivo.

Las joyas deben ser usadas de modo discreto y no por fuera de la ropa aunque estas sean usadas como parte del negocio, no use aretes oargollas que se pueden ser vistos fácilmente por todos. Usted puede usar desde seis hasta nueve anillos en dedos de sus manos, pero esto no es de ayuda a la hora de encontrar empleo

¿Aparenta usted que desea el trabajo?

Cuando esta listo para hacer una aplicación de empleo o ya tiene una cita para entrevista. ¿Esta seguro de estar preparado? Entonces es muy importante que llegue puntual a su cita, de ser posible llegue un poquito mas temprano, Haga seguro que esta presentable y que tiene toda la información necesaria que pudiera requerir. Si usted muestra seguridad delante de los empleadores, ellos lo notarían rápidamente.

¿Estoy actuando de forma correcta?

Cuando solicita una aplicación o tiene cita para una entrevista ¿Es mi estado de ánimo el adecuado? ¿Estoy siendo cortes al hablar con los demás? ¿Tiene usted una razón de porque le deben dar el empleo? ¿Esta lista toda su documentación? Recuerde que, los empleadores necesitan de usted, pero esto no significa que no debe prepararse.

¿Tiene usted un reloj y sabe que hora es?

Tener un reloj es más importante de lo que usted piensa. No tener reloj Puede mostrar como que no se preocupa por cosas que deben ser hechas en tiempo preciso o tal vez que no le da la importancia necesaria a la puntualidad. Siempre se debe usar reloj ara estar seguros de no llegar a puntual, o en caso de tener que regresar en otro momento no hacerlo tarde.

¿Es mi estado de animo el adecuado para hablar?

Antes de salir una entrevista o aplicación debe saber como se siente de estado de ánimo, es más fácil de lo que piensa. Recuerde que usted esta en busca de empleo que merece y va a lograr. Una ves que ya tiene en sus manos la oportunidad que desea, todo a su alrededor será mucho mejor. Es importante saber que un buen estado de ánimo ayuda a en una mejor presentación a la hora de una entrevista o aplicación.

¿Sabría como mejorar mi estado de animo?

Pues bien, es cierto que en la vida ocurren muchas cosas que cambian nuestro sentido del humor y esto hace decaer el estado de ánimo. En este caso lo primero que debe hacer es poner atención en que realmente ayuda a poner su vida en el camino correcto para un mejor futuro.

Si es muy bajo su estado de animo y su sentido del humor esta realmente malo ,trate de relajar, busque una habitación y trate de estar a solas por un rato, quizás sentarse en un parque ,una librería o en su vehículo. Una ves que encontró ese lugar para relajarse tendrá la oportunidad de retomar su documentación revisarlos pensar mejor en el nuevo empleo. Dedicarle un tiempo a su persona, ayudara a ofrecer un mejor trato para con otras personas.

¿Sabe como llenar una aplicación de empleo correctamente?

Cuando se llena una aplicación de empleo siempre tenga en cuenta que no debe dejar preguntas sin responder o espacios en blanco, tenga hecho un resumen de manera que no falte información sobre fechas y tiempo trabajado en empleos anteriores y toda la referencia necesaria. Es muy importante que usted cree las condiciones necesarias para que ellos puedan hacer contacto nuevamente con usted cuando le llamen para su nuevo empleo.

¿Tengo toda la información que necesito para la aplicación de empleo?

Cuando se aplica para empleo se requiere tener información disponible que va ha necesitar, y queremos enseñarle.

Usted necesita.

1. Tarjeta de seguro social,
2 Una identificación valida del estado donde vive que tenga foto (licencia de manejo)
3. Dirección de su domicilio.
4. Numero de teléfono de su casa (puede ser un numero donde se pueda localizar)
5. Nombres de tres a cinco familiares o amigos que no vivan con usted que le sirvan de referencia (tenga sus nombres completos, dirección de domicilio y teléfonos donde se puedan contactar.)
6. Información sobre sus anteriores empleos (Nombre de de las compañías que lo emplearon anteriormente, dirección donde se encuentran, nombre de gerente o supervisor, y números de teléfonos
7. Un resumen de sus habilidades y experiencia de laboral)

¿Debo ser puntual para una entrevista?

Es más que importante ser puntual. La hora de pasar una entrevista, usted debe preocuparse por llegar a la hora señalada en su cita y de ser posible llegue mas temprano. Si tiene que viajar en transporte urbano o la hora de su cita es en horario donde el tráfico es más pesado, tenga presente salir más temprano. Llegar tarde a una cita para su entrevista puse hacer que usted se vea mal y que puede ser impuntual para su trabajo también.

¿Sabría como presentarme?

Al presentamos delante de otros se debe mirar siempre de frente y a los ojos mientras se saluda con las manos, una sonrisa tal ves no parece mucho, pero si ayuda en su presentación.

¿Tengo buenas costumbres?

Buenos modales, es algo que todos tenemos pero no siempre usamos, cuando nos presentamos ante otras personas debemos hacer seguro que saludamos en forma amable diciendo "Buenos Días" "Hola", y una ves que hacemos contacto visual, debemos brindar un saludo de manos. Si ambos se van ha sentar al mismo tiempo se debe esperar que la otra persona se siente primero. Mirar siempre a los ojos de la otra persona, evitar el desviar la mirada hacia otras partes cuando nos están dirigiendo la palabra con mucho cuidado de no decir palabras ofensivas. Una ves que terminamos una conversación o entrevista no
Abandonar el lugar sin brindar un saludo nuevamente y agradecer por el tiempo invertido.

¿Puedo hablar sin llegar a ser vulgar?

Esta usted dispuesto a hablar usando un lenguaje correcto? Debe saber cuando se trata de una oportunidad de empleo el lenguaje es muy importante cuidarlo y no hablar como cuando estamos entre amigos o solo en una conversación de la calle.

¿Podría responder todas las preguntas en una entrevista?

Una pregunta que siempre hacen es si usted ha sido despedido antes y Por que? Responda siempre la verdad y en sentido favorable como posible. Explique que ha aprendido de los errores hablando en forma positiva de sus anteriores empleadores. Tenga siempre una respuesta lista cuando pregunten ¿Porque prefiere nuestra Compañía para trabajar? Usted puede responder, por ejemplo, Que usted ha oído de grandes beneficios y oportunidades que ellos tienen para que sus trabajadores avancen, Si es un campo donde comienza nuevo, explique que usted ha preferido comenzar con ellos por ser una de las mejores Compañías para la oportunidad que busca.

Si usted esta disponible para hacer alguna pregunta, trate siempre de preguntar por cuales oportunidades tiene de avanzar. Evite el hacer muchas preguntas, solo dos o tres y que sean importantes.

Una ves que ha entendido estas preguntas y respuestas usted lograra mejorar grandemente y su oportunidad para encontrar un empleo será mucho mayor. Pequeños errores pueden hacer la diferencia a la hora buscar empleo .Aquí mostramos una lista que ayudara en el momento de llenar una aplicación o pasar una entrevista.

¿Qué le gustaría hacer?.

Es importante que se sienta satisfecho cuando decida que empleo prefiere. Desde luego en el mundo real el dinero juega un papel importante en lo que hacemos para vivir. Es muy buena idea saber cual es el pago para empezar. También se tiene que tener en cuenta como es el nivel de vida cuando esta buscando empleo y que situación social tiene, si esta casado o si tiene hijos. Porque se hace más fácil encontrar empleo en lugares donde el pago para empezar es mas bajo.

Como habíamos prometido antes mostramos una serie de preguntas que ayudan a decidir que es mejor para usted.

> ➤ Como prefiere trabajar para otros o por cuenta propia?
> ➤ Le gusta hablar por teléfono?
> ➤ Le gusta manejar?
> ➤ Le gusta viajar?
> ➤ Le gusta trabajar con maquinarias?
> ➤ Le gusta leer?
> ➤ Le gusta trabajar con niños?
> ➤ Le gustaría manejar larga distancia por cuestiones de trabajo?
> ➤ Sabe como usar una computadora?
> ➤ Que prefiere un empleo de esfuerzo físico o mental?

Recuerde que la mayor parte del día se esta en el lugar donde trabaja y rodeado por otras personas. Por esto es importante para usted y paro otros que se sienta a gusto con el trabajo que desarrolla, no seria buena idea que usted sea chofer comercial y no le guste manejar o tal ves no le guste hablar y tenga que ser vendedor en una tienda.

¿Que prefieren los empleadores?

Ahora bien ya que usted esta en busca de oportunidad, que habilidad tiene usted para ofrecer a los empleadores?

❖ Habilidad para trabajar equipo.
❖ Habilidad para trabajar independiente.
❖ Habilidad para ver los detalles del trabajo que se realiza.
❖ Habilidad para escuchar y ser instruido
❖ Habilidad para observar y usar las manos al mismo tiempo
❖ Habilidad de entender cuando se lee
❖ Habilidad de comunicarse bien

Ya mostramos como puede hacer para decidir que quiere hacer y que habilidad puede ofrecer. Ahora es tiempo para aprender que los empleadores esperan de usted.

✓ Profesionalismo.
✓ Confiabilidad.
✓ Compromiso.
✓ Buena comunicación.
✓ Trabajar en equipo.
✓ Adaptación.
✓ Habilidad de aprender.

Estos no son todos los ejemplos que los empleadores buscan, puede haber muchos más pero los que les mostramos son suficientes para comenzar.

Donde buscar.

Hay muchos lugares donde dirigirse para obtener empleo. Aquí les mostramos unos cuantos para empezar

Amigos.	Amigos de trabajo
Anuncios y clasificados.	Directorios de empleo.
Agencias temporales.	Agencias permanentes.
Agencias de Internet.	Bancos de información en línea.
Grupos informativos.	Boletines.
Contratistas.	Agencias comunitarias.
Empleadores directamente.	Centros de estudio.

Una ves que ya sabe hacer, Es hora de comenzar a buscar su oportunidad de empleo.

Amigos.

Pregunte a sus amigos cuando necesite de un empleo y como usted puede empezar también. Nunca tenga temor de pedir ayuda, que le dejen saber si ellos tienen alguna información sobre alguna oportunidad de empleo o tal vez donde ellos trabajan. Pregunte también si ellos pueden ser usados en futura referencia.

Amigos de trabajo.

Puede preguntar a personas que trabaje o hayan trabajado anteriormente con usted en un mismo empleo, si saben de alguna oportunidad que pueda interesarle y si le pueden ayudar para futura referencia.

Clasificados.

Usted puede buscar trabajo en los clasificados de los periódicos. Solo debe tener en cuenta la fecha del mismo que no este atrasado, también puede muchos de estos clasificados aparecen en línea por la Internet Usted debe buscar en /www.newspaper.com aquí puede encontrar periódicos de todo el mundo.

Directorio de empleo.

Aquí usted puede encontrar información sobre compañías empleadoras en treinta y cinco de las más grandes ciudades y áreas metropolitanas de los Estados Unidos. Esta información esta también en las librerías o en línea.

Agencias temporales.

Los empleos temporales pueden ser usados para adquirir experiencia en algún campo que usted desea. Algunas compañías empleadoras solo emplean trabajadores de estas compañías, también puede encontrar información sobre estas compañías en clasificados de periódicos o en línea.

(Agencias permanentes)

Este tipo de agencia cobra un impuesto por el servicio que brindan.
A largo plazo vale el esfuerzo de trabajar para ellos usted no pierde el dinero que pago si es capaz de encontrar el empleo que desea. Estas compañías pueden ser encontradas en clasificados, guía telefónica y también en línea en Internet.

Bancos de información en Internet.
Esta tiene herramientas de búsqueda ya establecidas directamente en
compañías para informar cuando tienen ofertas disponibles para ayudar a
encontrar empleo. También tienen este tipo de herramienta de búsqueda
de empleo en disco compacto.

Grupos informativos.

Grupos informativos, colectan toda la información de Empleos que grupos
individuales tienen. Se reúnen todas en un solo lugar y separadas por
categorías para hacer más fácil encontrar una oportunidad.

Boletines.

Números de teléfonos para obtener información de empleo por medio de
boletines se hace en Internet a través de portales como, Yahoo, MSN. Para
ingresar en este sistema de boletín (BBS) debe llamar usando números de
teléfonos que encuentra en los portales antes mencionados

Contratistas.

Contratistas hacen este sistema en base a contratos, se localizan en oficinas
centralizadas, Usted puede encontrar empleo en estas oficinas y hacer un
contrato de trabajo por tiempo definido o indefinido, Por ejemplo, Un mes
un año o aun más tiempo. Contratistas principalmente cubren las
necesidades de compañías empleadoras, de este modo los empleadores
evitan tener que hacer procesos de selección de sus empleados.

Agencias comunitarias.

Son organizaciones sin fines de lucro que ayudan a personas a encontrar empleo, Deben brindar servicio gratis o muy barato para ubicar a personas en un empleo. El mayor objetivo de estas Agencias Comunitarias es ayudar a mujeres, personas deshabilitadas físicamente o grupos de minorías.

Empleadores.
Usted puede ir directamente con empleadores, En muchos casos ellos también tienen información en Internet, o personalmente en sus oficinas puede llenar una aplicación de empleo.

Ferias de empleo.
Ferias de empleos es cuando un grupo de empleadores se reúnen en determinado lugar, llevan todas sus ofertas de empleos y la información sobre sus compañías. Información sobre ferias de trabajo se encuentra en periódicos.

Lugares donde buscar en Internet.

Periódicos.
www.newspaper.com

Directorios de empleo en Internet.

Empleos en Computación.
www.cra.org/cra.jobs.html
Pagina oficial de la Asociación de investigadores y trabajadores en campos de computación, es muy importante para quien busca empleo en este campo, por ejemplo, ingenieros, técnicos en computadoras. Buscar esta pagina de Internet.
www.computer.org/computer/career/career.htm
Sociedad para la enseñanza en computación
www.computerswork.com
Ofrecen empleos a técnicos de alto nivel. Centro de empleo para trabajadores y técnicos en computación

Trabajadores ejecutivos.
www.careercity.com
Pagina principal para trabajadores profesionales. En esta página encuentra todo tipo de oportunidad, artículos y recursos de gran importancia.
www.jobweb.org
Pagina destinada a ayudar, estudiantes de universidad, recién graduados y alumnos en desarrollo de una carrera.
www.careerjournal.com
Sitio para encontrar ofertas de empleo para personas que están haciendo una carrera
Visite página principal para ejecutivos anteriormente dicha para encontrar empleo como Director ejecutivo y empleo para profesionales.

Empleos en campos de finanzas
www.financeleader.com
Pagina para trabajadores, profesionales en campos de finanzas
Encuentra aquí toda clase de oportunidades

Empleos en general

www.monster.com

Encuentre en esta pagina toda clase de empleos, ofertas, este es uno de los mas grandes sitios para buscar su oportunidad de empleo. Aquí usted puede colocar un resumen de su historial de trabajo y tener acceso a toda información para buscar empleo.

Carrer.msn.com

Cientos de oportunidades de empleos a través de toda la nación y hasta en el lugar donde reside.

www.ajb.dni.us

Búsqueda automatizada de empleo, solo sitúe un resumen de su historial de empleo y encontrara cientos de empleo por toda la nación.

www.carrerbuilder.com

Mayor sitio de Internet para buscar empleo, búsqueda de empleo en forma confidencial y un personal calificado le puede asistir en la búsqueda de empleo.

www.rileyguide.com/jobs.html

Esta página tiene conexión con otra cincuenta páginas con recursos de búsqueda de empleo comenzando en sentido general y haciendo énfasis hasta en las más especificas oportunidades de empleo.

www.job.hunt.org

Sitio ganador de premios en materia de empleo con más de 8.300 de los mejores recursos de búsqueda de empleo.

www.nationjob.com

Provee búsqueda de empleo, incluye ofertas hechas por el gobierno y oportunidad de estudios.

www.hotjobs.com
Búsqueda en la página de yahoo aquí también puede colocar un resumen de su historial de empleo. Miles de ofertas se colocan **aquí diariamente.**
www.jobs.employmentguide.com
Sitio para encontrar empleo en Internet.
www.mediabistro.com/joblistings
Listas de oportunidades.
www.fipdog.com
Tienen oficinas ubicadas de forma conveniente para ayudarle a buscar empleo.
www.jobhunteebible.com/jobs/jobs/shtml
Sitio para buscar empleo.
www.snagajob.com
sitio para buscar empleo, encuentre aquí trabajo de medio tiempo y de tiempo completo.
www.jobfind.com
Sitio para encontrar empleo en Internet.

Gobierno.
USAJOBS (www.usajobs.opm.com)
Sitio oficial para buscar empleos en el gobierno federal.
www.federaljobsearch.com
Sitio donde puede encontrar mas de 40,000 empleos en el gobierno federal.
www.emp.state.or.us./empmtmdscs
Bienvenido al Departamento de Empleo de Oregon.
www.statejobs.com
Sitio para encontrar toda clase de oportunidad de empleo en grandes compañías del gobierno federal y gobierno local.

Departamento de salud.

www.matrix.msu.edu/jobs
Sitio para buscar empleo en Departamento de Salud
www.aureusmed.com
Aureus Sitio nacional de empleo para Medicina y Enfermería.
www.socialservice.com
Sitio para empleos en trabajos sociales y servicios sociales
www.medzilla.com
Sitio para buscar empleo en ciencias medicas, biológicas y farmacia.
www.health.care.job.edhealth.org
Sitio nacional para encontrar todo lo relacionado con empleos en la salud y la ciencia, puede encontrar en este sitio información sobre trabajadores cleritos, enfermería, seguros médicos, planificación y Finanzas medicas. También hay oportunidades disponibles para recién graduados o personal de más experiencia.

Seguros.
www.closers.net
www.insuranceworkforce.com
Sitio para empleos en compañías seguros, también ofrecen oportunidad de estudios.

Legal.
www.lawjobs.com
Sitio nacional para encontrar empleo en campos de leyes.

Anuncios comerciales.
www.knowthis.com/career/employment.htm
Sitio de búsqueda de empleo en campos de anuncios y ofertas comerciarles.

Información.
www.journalism.berkeley.edu/jobs
Sitio para empleos en campos de información y periodismo.
www.writerswrite.com/jobs
Sitio de información para empleos y carreras en campos de información, publicidad y periodismo.

Educación.
www.jobtracks.com
Sitio para empleos en trabajos de educación, puede colocar aquí su historial de trabajo y encuentre empleo en becas o centros de educación de su opción.
www.studentaffairs.com/jobs
Sitos mas visitado por estudiantes que buscan empleos en educación.

Ciencias.
www.psychwatch.com/job_page.htm
Sitio de búsqueda de empleos para trabajadores de ciencias
En Psicología y Psiquiatría.
www.aip.org/careersvc
Sitio de búsqueda de empleo en Ciencias **y Física aplicada.**
www.aza.org/joblistings
Sitio de búsqueda de empleos en Asociación de Zoológicos y Acuarios
www.ams.org/eims
Sitio de búsqueda de empleo en centros de ciencias matemáticas
www.recruit.sciencemag.org
Sitio de búsqueda de empleo a trabajadores de ciencias también incluye biología molécular **y microbiología.**
www.medzilla.com
Sitio de búsqueda de empleo Para trabajadores en campos de ciencias, farmacia, biotecnología y salud.

Empleos en compañías de abordo

www.overseasjob.com

Sitio de búsqueda de empleo para trabajadores de abordo o personas que viajan por causa de su trabajo. Centro de empleo internacional.

www.workamper.com

Sitio de búsqueda de empleo En centros de recreación y turismo mas de 70000 personas han encontrado empleo en este sitio.

www.engcen.com

Sitio de búsqueda de empleo en compañías petroleras, eléctricas y mecánicas.

www.oilcareer.com

Sitio de búsqueda de empleo en compañías petroleras, puede colocar a través de este sitio su resumen de historial de trabajo tienen posiciones disponibles.

www.geojobsouruse.com/careerop.htm

Sitio de búsqueda de empleo en centros de geodesia y Cartografía.

Escritores

www.artistresourse.org/job.htm

Sitio de búsqueda de empleo para artistas y escritores.

www.journalism.berkely.edu/jobs

Sitio de búsqueda de empleo para periodistas y escritores.

www.writerswrite.com/jobs

Sitio de búsqueda de empleo para periodistas y escritores.

Como hacer un resumen de historial de trabajo.

Cuando hacemos un resumen de historial de trabajo, es muy la primera impresión, debe preocuparse por hacerlos bien, organizados y con excelente presentación. Debe usar papel de tamaño estándar y buena calidad. El resumen puede ser hecho personalmente o elegir un profesional para hacerlo, siempre revíselo bien y que no tenga errores. Debe estar seguro que toda la información que incluye es correcta y en el orden que mostramos a continuación.

1. Nombre completo y legible.
2. Dirección de correo.
3. Numero de teléfono.
4. Correo electrónico (opcional si tiene alguno)
5. Objetivo.
6. Calificaciones.
7. Experiencia (Historial de empleos anteriores)
8. Educación o estudios que haya terminado.

Cuando prepara un resumen de historial de trabajo de acuerdo con la posición que esta aplicando, experiencia y educación pueden ser combinadas o intercambiadas.

Al comienzo, su nombre debe ser remarcado en tono más oscuro y de mayor tamaño, Si selecciona tamaño de las letras 16 en el selector de medida de su computadora, entonces su dirección de correo, teléfono y correo electrónico (opcional) se harán en medida mas pequeña usando en su selección de tamaño de las letra la medida 14 y tono mas oscuro.
 Use letras de tamaño 14 para indicar objetivo, calificación, experiencia (Historial de trabajo.) y educación, toda otra información se hará con letras de tamaño 12.También nombres de las compañías, escuelas o anteriores empleos serán escritos con letras remarcadas en tono más oscuro.

Cómo preparar un resumen de historial de trabajo.

	Judy smit
1234 calle hide	Domicilio: (272) 923-7290
New York, NY 10025	Lugar de empleo: (272) 393-4375 ext 2745
	Correo electronico:jsmit@aqp.com

Objetivo:

Supervisor de finanzas.

Experiencia de laboral.

- **Grupo americano de consultoría; westport, conecticut, desde Marzo del 2000- hasta fecha presente.**

Director de proyecto; Como director de proyectos, , tenia a cargo la información y anuncio de paquetes comerciales y servicio a industrias.
 Clientes que recibieron servicios son incluidos para futura referencia. Sprint, HJHeinz, Pillsburry, Constructora de lentes y espejuelos.
Funciones especificas se incluyen para futura referencia.
 Plan de trabajo. Como función especifica en este empleo tenia a cargo desarrollar una estrategia para hacer anuncios de ventas de paquetes comerciales como por ejemplo, Hacer comercial a la Compañía de teléfonos Sprint de paquetes de larga distancia y servicios residenciales. Como producto de este trabajo el mercado de de este trabajo la compañía aumento sus ganancias desde un 6% hasta un 8%.

Agencia comercial, New York desde septiembre de 1997 hasta febrero del 2000

Director de contabilidad: Mi funciones en esta compañía eran el desarrollo de anuncios comerciales entre compañías, Se incluyen a clientes para futura referencia. Servicio de correos de Los Estados Unidos.

Educación.
Universidad de Wisconsin; Madison , Wisconsin September Desde Septiembre 1990 hasta Mayo de 1994
Estudiante de artes y ciencias ,Mayo de 1994

Personal.
Gran experiencia en programas de computadoras para oficinas Microsoft Word,Excel.

Resumen de Historial de empleo para Investigador en Biotecnología.

Peter Doe,PH.D
1 Devonshire ,apt 3003,Boston MA 02109
(617) 320-8789
pdoe@evelexa.com
Educación.
Universidad de Harvard, Graduado en Ciencias y Artes Escénicas Boston , MA
Doctor n Ciencias y Filosofía-Enero de 2001
Tesis. Investigador de alto nivel ,Participante en investigaciones de VIH
Universidad de Cornel en NY
Estudiante de artes y Ciencias Biológicas
Graduado con Tesis de Honor En Investigaciones sobre Palvovirus Canino .Como tutor se presento el Dr. Collin
Parrish

EXPERIENCIA

Grupo asociado RA (www.racap.com)
Director desde Junio 2001
□ Evaluar oportunidades de inversión en campos de ciencias e investigación, desde estudios de alto nivel en
□Biotecnología, hasta compañías públicas.
□ Asistir a Director de Farmacias Vartex Richard Aldrich en proyectos de investigación y desarrollo.

Centro de investigaciones Evelexa.
Fundador, Director desde febrero de 2001

□ Desarrollo de sitio educacional Web con destino a ofrecer información a centros de investigación de biotecnología
□ Autor de un artículo mensual para la distribución de correos electrónicos a miembros de centros de investigación.
□ Miembros tienen facilidades de hacer descarga gratuita de una copia de la Guía Entrepreneurs
para nuevos técnicos de Biotecnología.

Consultante independiente. Boston MA
Desde Enero de 2001
La perla, Co Preteomic
Identificación y Especificación de medicamentos
Estudios y diagnósticos.
Se obtuvo un incremento de $ 1.4 M a $4.5M en ayuda
Firma intelectual de desarrollo de negocios y ventas como principal objetivo la comunidad de técnicos en Biología
www.globalpriorart.com

Publicaciones

Entrepreneur, Guía de principios básicos para técnicos en Biología
Tercera edición, 2002 Autor/Editor
Guía de 100 paginas para técnicos en Biología. Incluye investigaciones, antecedentes, entrevistas con abogados
Capitalistas, científicos, inversionistas y otros, esta guía esta disponible para descargarla de forma gratuita en Internet
desde Marzo del 2001 en www.evelexa.com

Resumen de Historial de Empleo Para Jefes de Cocina.

Arturo Roques
119 westwick Apt. B
west Homestead ,MI 48320

Objetivo Jefe de Departamento y Especialista en cocina Francesa.

Conocimientos Culinarios

Restaurante.
Investigador y Creador del menú Abrahán Van Houten al Oeste de Hempstead, La prensa lo llamo
"El Refrescante Negocio al Oeste de hempstead"
Alta cocina de Francia y ganador de grandes premios como La Cuchara de Plata de 1998.

- ○ Preparador en línea de bocadillos y aperitivos para importantes eventos.
- ○ Creador de importantes platillos que se sirven en restaurantes de alta cocina como
     El Gran Cocinero, Jean Jang, y otros muchos del area metropolitana de Elven.

Abastecimiento
- Preparador de creativos y deliciosos platos para eventos de mas de 300 personas.
- Creador de bebidas y alimentos para Juegos Olímpicos.
- Cumplí funciones como asistente y aprendiz con ganadores de premios de alta cocina como Eugenia Lopez

Historial de empleo.

Jefe de cocina de Bistro, Bistro! Oeste de Hampstead, MI desde 2001 Hasta fecha presente.
Asistente de jefe de cocina Juegos Olímpicos de Arlington, VA desde 2000 hasta 2001.
Jefe de abastecimiento de Eugenia López en Leven, NH desde 2000.

Interés.
- Trabajador voluntario con especial interés en juventud con adicción a drogas.
Proyecto para la comunidad de Arlen, IL
- Miembro activo de grupos para protección de medio ambiente denominado" Adopte un Puente"
- Creador de importantes artículos en magacines incluyendo "El Jornal"

Educación.
Graduado en Dirección de restaurante
Universidad de Michigan Lansing,MI
Estudios terminados :Diciembre de 2005

Resumen de Historial de empleo En Bancos

José Gonzáles
5 Wendy Wilson Calle Apt. 187
Isla Princesa NY 10034
(718) 817-7180
(718) 782-0007
Correo Electrónico Biolm@mail.com

Experiencia como Trabajador de Bancos.

Eurasia Desde 2000 hasta la fecha presente.
Vicepresidente Del Banco Financiero.

- Sirviendo por corto, medio y a largo plazo como trabajador financiero en programas del gobierno por todo Estados Unidos En compañías crediticias como Unión de Crédito y Banco extra SA.
- Sirviendo en compañías financieras con inversiones en Latino América por mas de $285 millones.
- Sirviendo en bancos de Estados Unidos con instituciones financieras y corporaciones en Latino América, África y Asia con inversiones De mas de 350 millones de dólares.
- Sirviendo en Uniones de Crédito de mas de 13 países Latinoamericanos con inversiones de mas de 300 millones de dólares.
- Coordinando Organizaciones de recaudación de impuestos desde Nueva York hasta Miami. Reduciendo personal en un 80% y generando ganancias en un 50% mas en comparación con años anteriores.

Banco financiero del Oeste. Desde 1995 hasta 2000

Vicepresidente y Especialista en Inversiones Bancarias.

- Sirviendo como asesor financiero en inversiones con mas de 13 facilidades en México por mas de 120 millones de dólares.
- Sirviendo en inversiones en planes de opción con facilidades en México generando ganancias por medio de intereses

Experiencia Comercial.

Promociones y comercio Internacional, México Distrito Federal desde 1990 hasta 1992

- Dando asistencia financiera a poténciales comerciantes en México.

Educación.

Instituto financiero de Meryland.
Especialidad en Contabilidad y finanzas, desde 1994

Universidad Autónoma de México
Graduado de Relaciones Internacionales y Financieras..

Resumen de Historial de trabajo para Informática y Computación

Roberto Días

Calle El Monte Apt. 6
Alturas de Washington ,NY 11132
(718) 651-1906
centromaestro@correo.com

Habilidades en informática.

* HTML
* JavaScript
* Photoshop
* HP Deskscan
* Frontpage
* PowerPoint
* GIF Animator

* Telnet
* Unix
* Outlook
* Virtual WebTrends
* Web Site Promotion
* Perl
* Java

Experiencia profesional.
Centro Web.
Casa de Juegos
 Abril 2003 hasta fecha presente
New York.

* Encargado de Supervisar, diseño, contenido, promoción y programación de "Casa de Juegos"Este sitio es llamado "La Maldita Buena Razón Para Entrar En Internet"por la importante revista "Alambrada"

* Rediseñar y reestructurar sitios Web, Crear sistemas de búsqueda de información mas atractivos.
* Construir sistemas informáticos de anuncios comerciales los que puede fácilmente encontrar en paginas como yahoo, Alta vista

Diseñador de sitio Web
Red de agencias de turismo SA
Desde Febrero del 2001 Hasta Marzo del 2003

* Crear y mantener sitios Web para compañías de turismo internacional Hoteles de lujo y Líneas de crucero Como ejemplos, agencia de turismo EZ, Hotel Marriot Y Crucero Princesa.
* Crear elementos de grafica y multimedia Para sonido y lenguaje en Internet.
* Hacer escritos de considerable dimensión para anuncios es pajinas de internet.

Director de Bancos de Datos.
Universidad de Columbia

Desde Octubre de 1998- hasta –Mayo del 2001
New York, NY

* Reunir y mantener bancos de información con listas de ventas de mas de 2500 casas y apartamentos.
* Asistir estudiantes de Bienes Raíces en crear sitios Web para ventas y búsquedas de apartamentos y casas..
* Desarrollar Y aplicar Sitios Web Para expertos en Bienes Raíces en New York.

Educación

Graduado de Informática y Computación 2002
Universidad de Columbia, New York NY

Resumen de Historial de trabajo
Para Primer nivel en Mercadotecnia.

Antonio Díaz
769 Camino de Paz
Atlanta, GA 41621
(405) 555- 3838

Objetivo
Una posición de primer nivel en Mercadotecnia.

Educación.
Escuela técnica de Atlanta GA
Graduado de la Escuela Internacional de Negocios y Mercadotecnia. Mayo del 2002.
Estudios Superiores, Negocios y Mercadotecnia
Otros Estudios, Idioma Alemán

Empleos anteriores

Publicitarias SA, La Loma **WI**
Mercadotecnia Interna 1998-2002.

- Desarrollar programas y paquetes de anuncios de productos para peluquería y barbería
- Asistencia en anunciar paquetes de ventas a creadores y diseñadotes de líneas de Ropas.
- Trabajar directamente con anunciantes y vendedores logrando un significativo incremento en ventas.
- Poner al corriente reportes en computadoras para monitorial actividades y programas de ventas.

Escuela técnica de Georgia .Atlanta, GA
Conserjería a Residentes, Enero.1996 hasta Mayo de 1998

- Panear y proveer educación cultural y social a programas con presupuesto.
- Preparar reportes administrativos para dar seguimientos a aspectos de la vida estudiantil.
- Entrenar y asistir a residentes en consultaría.

Calle 79 Montaña Alta, CA
Asociado de Ventas desde Junio 1994 –hasta Enero de 1996

- Asistir en ventas Clientes
- Director de ventas de tienda, Ganancia crecieron en un 45 por ciento.

Habilidades en Computación.

- Microsoft World
- Microsoft Excel
- Powerpoint
- Lotus Spread sheet.

Lenguajes.

Alemán (fluido)

Resumen de historial de trabajo
Para Primer nivel en Ventas

Ramón Pérez
345 Calle Valverde
Parque Meltón, CO 79403
(750) 555-4412

Objetivo
Obtener empleo como agentes de ventas o mercadotecnia.

Educación.
Graduado de Comunicaciones (relaciones publicas) Mayo de 2002
Estudios menores en Negocios y artes liberales.
Universidad de Chicago, IL

Experiencia.

Sistema de computadoras LONS
Representante de ventas Y mercadotecnia desde Enero hasta Junio del 2002

- Gran habilidad en mercadotecnia que ayudo a incrementar las ventas de computadoras Macintosh
- Cultivar relaciones de ventas incrementando la satisfacción del cliente. Para lograr su regreso
- Colocar anuncios comerciales en revistas
- Realización de artículos de prensa para anunciar nuevas marcas de computadora.

Teatro Maestro de Broadway
Asistente de mercadotecnia desde Mayo del 2001

- Planificar, crear y distribuir articulos de prensa sobre obras de teatro
- Escribir anuncios comerciales para la radio
- Llevar record de asistencia información y reservación de oficinas de ventas.
- Realizar Trabajos fotográficos y distribuirlos a emisoras

Honores Recibidos.

Titulo de Honor : Otorgado al alcanzar 5 puntos en una evaluación con valor maximo de 5
Premio Terrénse S. Duboff : Premio académico otorgado por lograr excelencia en comunicaciones.
División NCCA: Ganador de importante premio "Valle verde" Clásico Colegial de 1996 y segundo lugar del
La Copa Clásica NCAA del Medio Oeste en 1997.
Fraternidad Chi Phi Sigma. Presidente temporal , Presidente alumnos de internos y perteneciente
al comité guía .

Resume de historial de empleo Para Trabajadores Ejecutivos.

Juan García.
276 Oeste calle 87 # 19H
New York, NY 10024
Correo electronico PequeñoJuan@meta.com

SUMARIO DE CALIFICACIONES

- Más de treinta años de experiencia En Salud mental, administración y programas desarrollo para deshabilitados. Experiencia regional coordinador para las comunidades y programas operados por el estado.
- Experimentado coordinador general de programas comunitarios..
- Encargado de dirigir presupuestos de mas de cincuenta millones.

EXPERIENCIA PROFECIONAL.

Programas de consulta.
DIS Tecnológica, SA desde 2002 hasta Presente
Brooklyn, NY

- Más de tres décadas de experiencia en programas de salud.
- Brindar asistencia a compañías que tienen programas de desarrollo para la salud mental y deshabilitados en Zonas residenciales.
- Asesor de alta tecnología a compañías que desarrollan los más eficientes programas en la industria de la salud.

Director ejecutivo desde 2000 hasta 2002
Centro de rehabilitación de daños celebrares.
New York, NY

- Servicios generales para pacientes con tratamiento de rehabilitación celebrar.
- Supervisor de más de cien trabajadores de la salud y administrativos.
- Dirigir expansión de facilidades de salud con 300 camas incrementarlas hasta 550 camas.

Director de Facilidades Medicas /y administrador regional desde 1997 hasta 2000
Diputado de distrito desde 1994 hasta 2000
Departamento Estatal de Desarrollo para la salud mental y deshabilitados
Yonkers, NY

- Supervisar instituciones que desarrollan programas de salud mental en 11 Estados, cada facilidad con más de 500 camas.
- Supervisar más de 50 agencias comunitarias con programas de cuidados de salud .

EDUCACION

Escuela de Biología, en los Cursos 1996, 1997y 1998
Universidad Estatal de Oklahoma
Shilo, Oklahoma

Resumen de Historial de Empleo Funcional

Sharon González
333 W calle 13 Apt. #33
New York, NY 10110
(212) 575-0440
Gonzalez@aol.com

SUMARIO DE HABILIDADES.

* Microsoft Office
* Microsoft Word
* Word Perfect 6.1
* Lotus 1-2-3 for Windows
* Excel
* Telemarketing sales
* Typing (55 wpm)
* Windows 95, 98 operating systems.

EXPERIENCIA PROFECIONAL.

Servicios y ventas, desde2000 hasta fecha presente
Membresía en club de "Muchachas y Muchachos"

* Contribuir en ventas de membresías y paquetes de Educación para programas de cuidados a pacientes desde 1996 hasta 1998
* Activar solicitudes a futuros y activos miembros.
* Educar nuevos miembros en opciones y planes de pagos.
* Hacer proceso de registracion a nuevos miembros y miembros actuales.

Asistente administrativo
Desde 1996 hasta 2000

Andamiajes. SA

* Mantener Horarios de reuniones Ejecutivas y reservaciones de viajes
* Coordinar Clientes y documentos de trabajo
* Dirigir distribución de bancos de información en Lotus 1-2-3
* Recibir clientes

EDUCACION.

Postgrado en Negocios y Ciencias Informáticas. Curso 2000
SUNNY Albany, NY

Resumen de historial de trabajo Para Director de Oficina

Pauline Jenkins
6210 Lincoln Drive, #19
Woodside, NY 11377
(718) 204-2842

OBJETIVO:

Posición de primer nivel como director de oficinas

EXPERIENCIA:

Complejo de oficinas
Desde 2000 hasta fecha presente.

Director de Servicios informáticos y Asistente Administrativo

- Supervisar, dirigir y entrenar personal de oficinas.
- Preparar reuniones y recibir a representantes en futuras eventos.
- Organizar correspondencia, documentos y cartas de pagos.
- Mantener calendario y horarios de entrenamiento y mantener archivos de horarios y citas para entrevistas.
- Hacer directorios para miembros y correspondencia mensual.
- Crear y configurar bancos de información para clientes.

Coordinador de archivos y entrenamiento desde 1999 hasta 2001

- Recibir transacciones de dinero efectivo y cheques, mantener almacenadas toda información y transacciones bancarias en libros y computadoras
- Escribir y distribuir cheques de pagos.
- Cerrar pagos y facturas para agencias miembros y no miembros.
- Organizar sesiones de entrenamiento, hacer registros de participantes y preparan servicios de habitación.

Recepcionista y especialista en información desde 1996 hasta 1999.

- Responder llamadas telefónicas, asistir a visitantes atender toda sesión administrativa en general como atender FAX, correo y copias de documentos.
Atender la correspondencia.

Mercadotecnia Winmex,
Recepcionista desde 1995 hasta 1996.

- Recibir ordenes de compra, hacer confirmaciones y cancelaciones de ordenes de magazines.
- Atención personalizada a clientes.

HABILIDADES.

Conocimientos de computación y programas informáticos de oficina.

EDUCACION.

Pos grado en administración y negocios.
Universidad Chester
Oeste de Chester, PA curso de 1999

35

Estos de resúmenes de historial de empleo pueden se usados para aplicaciones por medio de Internet. Los Cuadros de algunos de estos ejemplos son para mostrar que los resúmenes tienen que ser limpios, no use sombra ni trasfondo porque esto puede hacer que algunos empleadores puedan tener confusiones en sus programas de de búsqueda de empleo.

Si usted desea que su resumen de historial de empleo sea hecho por un profesional puede encontrar algunos en la guía de teléfonos o en línea por Internet, estos son algunos de los sitios Web que ofrecen servicios de ayuda.
www.monster.com
www.provenresumes.com
www.eresumes.com
www.resumeplan.com/free_resumes.htm
www.gresumes.com
www.10minuteresume.com
www.sample-resumes.us

Carta de presentación

Así como un resumen de historial de empleo ayuda, una carta de presentación muestra su habilidad y organización. Deben ser dirigidas Al representante que va a revisar sus credenciales. Estas cartas deben tener su nombre y dirección donde se localiza, número de teléfono, dirección de correo electrónico. También una introducción donde incluye un saludo y descripción de sus habilidades. Su nombre y firma al final de la carta. Direcciones, teléfonos y fecha deben ser colocados al inicio de su carta de presentación en la parte superior, después un saludo al representante que recibe su carta usando Sr. O Sra. Seguido del apellido, si usted no sabe el nombre del representante a quien esta dirigida su carta entonces debe usar la frase Querido Sr., o Querida Sra., seguido de coma.

La parte mas importante de una carta de presentación es mostrar porque usted se considera un buen candidato para obtener la oportunidad de trabajo que esta disponible. Haga un resumen de su capacidad en breves palabras porque el mayor detalle esta en su resumen de historial de trabajo. No describa habilidades o metas que no estén relacionadas con la posición que esta en oferta.

Finalice su carta de presentación agradeciendo por el tiempo empleado y dejando saber que para su cita de entrevista va ha ser de mucho agrado el que lo reciban. Despida su carta de presentación con la palabra "Sinceramente" su firma y debajo de esta escriba su nombre

Ejemplos de cartas de presentación.

2838 Camphor line
DeLand, FL 32720
386-555-2922

Sra. Amanda Paulson
Universal Orlando
1000 Universal Estudios Plaza
Orlando, Florida 32819-7610

Querida Sra. Pauson,

Teniendo en cuenta mi anterior experiencia laboral en ventas y comercio y mi estatus como estudiante de Negocios en la Universidad de Stetson . Me hacen sentir el candidato ideal para ocupar la oportunidad de empleo que esta disponible en Universal Orlando Con mi experiencia en ventas y relaciones humanas, combinados con mis estudios terminados en la especialidad de comercio, es un campo el cual me gustaría explorar.

Pero mas importante aun que desarrollar una carrera en Estudios de Orlando, es el beneficio mutuo que estaré recibiendo al prestar mis servicios en una compañía de tan alta reputación para los clientes estoy seguro que con mi experiencia y educación estaré motivado a exceder el desarrollo en su departamento de anuncios y ventas.

Estoy seguro de ser digno de atención, estaré en contacto en dos semanas para obtener cita para una entrevista, si alguna pregunta ocurre antes de este tiempo me pueden localizar vía telefónica mi numero es (386)555-2922 o a mi correo electrónico

Gracias por el tiempo y consideración.

Sinceramente.
Amanda Paulson.

Carta de presentación para recien graduados.

Sr. Arturo Martín.
Inversiones California, SA.
25 Sacramento Calle
San Francisco, CA 94102

Querido Sr. Arturo Martín.
Mi experiencia en ventas, personalidad y reciente estudios terminados me convierten en un fuerte candidato para ocupar la oferta de empleo disponible como vendedor de pólizas de seguro en su compañía "Inversiones California. SA".
Como recién graduado de la universidad de Oregon en la especialidad Comercio Donde también hacia funciones de presidente de futuros líderes de América y de la Asociación Americana de Comerciantes.
No me considero un típico recién graduado , Asistí a diferentes escuelas en Michigan , Arizona y Oregon Y parte de mi experiencia en estas escuelas fue trabajar haciendo comerciales de venta para la radio, periódicos, lo cual fortalece mi experiencia y educación.
Siento tener la madurez y habilidad necesaria para desarrollar una carrera como corredor de ventas de seguros, Me gustaría ejercer esta carrera en California por ser mi Estado natal.
Estaré en California a fines de este mes, Me gustaría tener una conversación con usted acerca de obtener una posición de empleo en "Inversiones California " para darle seguimiento a esta carta les dejo mi numero de teléfono favor de llamar y así fijar cita para una entrevista

Gracias por su tiempo y consideración

Sinceramente

John Oakley.

Carta de presentación para referencia

110 Calle Primera.
Alejandría, VA 22306
(802) 555-5544

15 de Abril de 2002

Sr. Enrique Fonseca.
Publicitaria Grandes Planes. SA.
Avenida Madison

Querido Sr. Fonseca.

Nancy Roque de Publicitaria Grandes y Asociados, Sugirió que les contactara en favor de una plaza vacante que existe en el departamento de Relaciones Publicas en su compañía Publicitaria.

Como Escritor/editor para la Revista Alejandría, He desarrollado mi talento y experiencia en el campo de relaciones publicas. Títulos como "La pequeña tripulación" "La talla de sombrero que usaba" y otros, fueron presentados, para algunas importantes revistas, incluyendo la edición de otras historias de carácter histórico e individual.

En mi anterior posición estuve envuelto en gran manera a la industria de las relaciones públicas, Presentador de artículos para la Publicitaria Jonás SA y realizador y director de innumerables campanas publicitarias

Mi entusiasmo y alto grado de motivación han sido reconocidos por todos mis anteriores empleadores obteniendo rápidas promociones a cargos de mayor responsabilidad, por ejemplo, De asistente de edición a editor de la revista mensual Alejandría a solo cinco meses después de estar trabajando para la revista.

Estoy ardiente de hablar con usted, acerca de la contribución que podría hacer al trabajar para su compañía. Le estaré llamando para la semana del 25 de abril así nos pondremos de acuerdo y fijaremos una fecha para discutir cualquier posibilidad.

Su consideración será grandemente apreciada

Cordialmente

Mary Davison

42

Carta de presentación frio

23 Hickory Tree Way
Belle Mead, NJ 08502
(908) 555-7495

12 de Septiembre de 2002

Srta. Cristina Rodríguez
Instituto de investigaciones
34 Marketing Court
Princeton, NJ 08540

Querida Rodríguez .

Con el crecimiento y la demanda de los lectores de revistas las exigencias son mayores para todas compañías publicitarias. Debido a este crecimiento se ha unido también la necesidad de nuevos y experimentados profesionales en este campo.

A lo largo de mi carrera en publicidad /mercadotecnia, mi experiencia ha crecido considerablemente al unirse con mis estudios que estoy cursando y obteniendo calificaciones máximas . Teniendo esto en cuenta creo que ciertamente podría brindar una ayuda invaluable en asistencia   al satisfacer la demanda de investigadores, ayudando en proyectos de dirección y mejorando herramientas de publicidad que están en actual uso.

Para el próximo mes Diciembre estaré finalizando mi Maestría de Graduación   y estaré muy interesado en hacer una significativa y provechosa contribución al Intitulo brindado todo mí esfuerzo capacidad

Estoy seguro que mis servicios serian de mucho uso para usted, Haré seguro de llamarle para el mes de Octubre y fijar una fecha para entrevista.

Sinceramente

José Morís

Carta de presentación, Respuesta a un anuncio de Clasificados

1090 Peachtree Lane, #4
Atlanta, GA 30303
404/555-3030

Mrs. Julia Roque
Buró de Educación de Atlanta
45 Peachtree Blvd.
Atlanta, GA 30303

Querida Sra. Roque.

Quizás Soy el Profesor súper talento que usted esta buscando en su anuncio "EL Profesor Súper Talento" del periódico Constitución de Atlanta .Soy un profesor versátil. Listo para servir como sustituto tan pronto como la próxima semana si fuese necesario. Tengo una sólida experiencia y los conocimientos en computación como se solicitan en su anuncio del periódico.

 Estoy actualmente afiliado a escuelas primarias privadas de grandes reputaciones Sr. Rodríguez cumple funciones como director y El ciertamente le sirve como una buena referencia. Las responsabilidades que usted solicita en su anuncio son las mismas que estoy cumpliendo actualmente.

  En cuanto a planificación, administración y conserjería para padres y alumnos quedaron remarcadas en mi resumen de historial de empleo, Por favor note que Tengo titulo de Maestría como profesor, ganado en la Universidad de Georgia

    Teniendo en cuenta cuan difícil es falta de un profesor de Quinto grado. Personalmente le llamare en unos pocos días O si esta de acuerdo al recibir esta carta y mi resumen de historial de Empleo y cree que realmente soy el profesor que su institución necesita puede llamarme a mi numero de teléfono arriba mencionado o al 555-7327 en horas laborales.

    Sinceramente agradecido por su atención y consideración.

Cordialmente

 Mario Plaza-Smith

Ejemplo de carta de recomendación por medio de correo electrónico

Fecha Martes 15 de mayo de 2003 19:52:59 (Hora del Este)
Origen. Kevin Lee Smith (ksmith@yahoo.com)
Objetivo: Representante de ventas, Graduado Ideal para Dirigir Ventas Regionales (MG 01/3439
Destino:scout.hent@marriot.com

Querido Sr. Hent

Habiendo excedido todos índices de ventas en empleos anteriores y recién graduado de Mercadotecnia de la Universidad Stern   en el Estado de La Florida .Me considero el candidato ideal para Director de ventas regionales Del Grupo Vacacional Internacional Marriot

Como líder y representante de ventas para el Grupo Vacacional Disney. Tuve la oportunidad de desarrollar materiales que sirvieron de entrenamiento como para nuevos representantes de ventas y reeditaron las formas de hacer ventas de membresías del grupo. Todos los miembros del equipo obtuvieron ganancias por encima del doble al finalizar la temporada.

La industria de grupo vacacionales está en constante crecimiento. Estoy convencido de ser gran ayuda para Marriot en el crecimiento de su reputación dentro de esta industria.

Nosotros debemos fijar una cita para tener una entrevista y acordar sobre la posición disponible .Yo estaré en contacto en los próximos diez días. Si alguna pregunta antes de este tiempo siéntase libre de llamar al numero siguiente (904) 555-2341 o envíame un correo electrónico.

Cordialmente

: Kevin lee Smith.

Carta de presentación a Reclutadores y Centros de Empleos

Carmen R Elías

624 Calle Iglesia Sur

RD. Laurel, NJ 08054

C-electrónico: telias@home.com

30 de Junio de 2003

Sr. Antonio Llanos

Centro de Reclutamiento y Empleo

Apertura.

3400 Plaza del Parque

Princeton, NJ 040840

 Querido Sr. Llanos

Si usted tiene un cliente buscando un estratega en productos que brinde servicio de máxima calidad y con buenos resultados. Tengo la oportunidad que tomo este caso en mis manos. Mi historial en Relaciones y Negocios Internacionales Productos y Mercado Ha ayudado en el crecimiento de la reputación de compañías como Banco de América, Almacenes y corredores de ventas "NIKKEI", Intel. SA y Telecomunicaciones del Norte son algunas de las compañías que muestro como referencia. En este momento mi actual empleador se esta uniendo a otra compañía. Y creo estar derecho y tiempo de buscar otras oportunidades. De particular interés para todos su clientes

- Mi habilidad se ha demostrado a través de importantes compañías Departamentos de comunicaciones, Sitios Web campañas publicitarias Programas de renombre en publicidad. Y más
- He construido en forma consistente mi habilidad de dirigir

Corporaciones en un proceso creativo. Motivando a todos trabajar en Equipo, con bien sintonizados planes de mercado y enfrentando

Proyectos que han demostrado mi eficiencia e interesa en las ganancias

- Desde antes mis iniciativas han finalizado con un incremento de De reconocimientos incluyendo reportajes de prensa, Sobresalientes

Campañas de comercio y ganador de premios en estrategia de ventas.

 Estoy particularmente interesado en el área de La Bahía de San francisco con un salario inicial en un rango de $80K a $100K.en la categoría de asociado de Mercadotecnia el la compañía "Capital de Aventuras" Vinculado al movimiento de mercadotecnia con oportunidad para desarrollarme en otras compañías asistiéndoles con estrategias de mercadería, Estratega de ventas en marcas de renombre y guía de ventas a nivel internacional y servicio de orientación de negocios, preferiblemente a nivel mundial, en compañías de tamaño medio, teniendo funciones como Máximo manejador y líder en mercadería y comunicación ,Con destino final a brindar ayuda financiera de alto nivel a tiendas exclusivas, Buscadores de talentos in grandes organizaciones filantrópicas.

 Me gustaría tener la oportunidad de reunirme con usted y tomar acuerdo del valor que se le va a adicionar en la atención de sus clientes como ya se ha hecho en previos empleos. Estaré en contacto pronto para acordar una entrevista , Si tiene alguna pregunta o desea hacer contacto antes. Entonces puede localizarme en mi linea directa al numero (609) 555-6325 o al numero de mi casa preferiblemente en horas de la noche

(609)555-0262

 Sinceramente.

Carmen R Elías.

Que se necesita para hacer una aplicación de empleo.

Personal.

Reloj.	Ropa limpia y sin arrugas.
Estado de ánimo.	Bañarse
Dientes limpios.	desodorante
Cabello arreglado.	Manos arregladas y limpias.
Uñas arregladas.	Zapatos limpios.
Ninguno o poco perfume.	Mentas para el aliento bucal si se necesita.

Aplicación.

Identificación con foto	Tarjeta de seguro social
Numero de teléfono personal	Dirección
Anteriores empleadores	Referencias
Otros números de teléfonos para referencias	Resumen de historial de trabajo
Lápiz , bolígrafo y papel	Preguntas que usted hará al entrevistador representante

APPLICATION FOR EMPLOYMENT
(aplicación Para empleo)

PRE-EMPLOYMENT QUESTIONNAIRE (Preguntas Pre-empleo)

AN EQUAL OPPORTUNITY EMPLOYER (Empleador con igualdad y oportunidad para todos)

PERSONAL INFORMATION
(Información personal)

NAME(LAST NAME, MIDDLE I., FIRST NAME) Nombre (Apellido, Inicial de su Segundo Nombre, Primer Nombre)			SOCIAL SECURITY NO. (Numero de Seguro Social)	
PRESENT ADDRESS (Dirección actual)	APT.NO. (Numero de apartamento)	CITY (Ciudad)	STATE (Estado)	ZIP (Código postal)
MAILING ADDRESS (Dirección donde recibe su Correo)	APT.NO. (Numero de apartamento)	CITY (Ciudad)	STATE (Estado)	ZIP (código postal)
ARE YOU 18 YEARS OR OLDER (¿Es Usted mayor de 18 anos de edad?) (si) YES (No) NO	PHONE (numero de teléfono)			

DESIRED EMPLOYMENT (Departamento para el que esta aplicando)

POSITION (Posición para la que aplicando)	DATE YOU CAN START (fecha en que esta disponible para comenzar)	SALARY DESIRED Salario que pide para comenzar)
ARE YOU EMPLOYED NOW (Esta empleado actualmente) (Si) YES (no) NO	IF SO MAY WE INQUIRE OF YOUR PRESENT EMPLOYER? (Si) YES (No) NO (¿Si esta empleado actualmente acepta que la usemos como referencia)	
EVER APPLIED TO THIS COMPANY BEFORE? (Ha hecho aplicación para esta compañía anteriormente) (Si) YES (No) NO	WHERE? Donde(Nombre de la oficina o compañía)	WHEN? Cuando (Fecha en que hizo su anterior aplicación)
EVER WORKED FOR THIS COMPANY BEFORE? (Ha trabajado anteriormente Para esta compañía) (Si) YES (No) NO	WHERE? Donde(Nombre de la oficina o compañía)	WHEN? Cuando (Fecha en que hizo su anterior aplicación)
REASON FOR LEAVING (Razón por la que dejo su empleo)		
NAME OF LAST SUPERVISOR AT THIS COMPANY (Nombre de su ultimo supervisor en esta compañía)		
WHO REFERRED YOU TO THIS COMPANY? (Por quien supo de esta compañía) (Agencias de Empleo) EMPLOYMENT AGENCY (anuncios en periódicos) NEWSPAPER ADVERTISING (Amigos) FRIEND		
STATE EMPLOYMENT OFFICE COLLEGE PLACEMENT SERVICE (Oficina de empleo o Universidad donde ha prestado servicio)	WALK IN (en persona sin) sin sita)	OTHER (otros)

EDUCATION (Educación)

SCHOOL LEVEL (Nivel escolar)	NAME AND LOCATION OF SCHOOL (Nombre y Lugar de escuelas)	NO. OF YEARS ATTENDED (Tiempo que asistió)	DID YOU GRADUATE? (Se Graduó)	SUBJECTS STUDIED (Sujetos Estudiados)
GRAMMAR SCHOOL (Escuela de Gramática)				
HIGH SCHOOL (Escuelas Superiores)				
COLLEGE (Curso Universitario)				
TRADE, BUSINESS OR CORRESPONDENCE SCHOOL (Estudios de negocio comercio o por correspondencia) .				

GENERAL (Categoría General)

SUBJECTS OF SPECIAL STUDY OR RESEARCH WORK (Estudios especiales o cientificos)
SPECIAL TRAINING (Entrenamientos especiales)
SPECIAL SKILLS (Habilidades Especiales)

FORMER EMPLOYERS (Anteriores empleadores)

LIST BELOW LAST THREE EMPLOYERS, STARTING WITH THE MOST RECENT			
NAME OF PRESENT OR LAST EMPLOYER (Nombre de actual empleador o del ultimo)			
ADDRESS (Direccion)	CITY (Ciudad)	STATE (Estado)	ZIP (Codigo postal)
STARTING DATE (Fecha de comienzo)	LEAVING DATE (Fecha que termino)	JOB TITLE (Posición)	
STARTING SALARY (Salario que comenzó)	FINAL SALARY (Salario que termino)	MAY WE CONTACT YOUR SUPERVISOR? (SI) YES (NO) NO Podríamos contactar su supervisor	
NAME OF SUPERVISOR (Nombre de supervisor)	TITLE (Posición)	PHONE (Teléfono)	
DESCRIPTION OF WORK (Descripción de trabajo)			
REASON FOR LEAVING (Razón por la que termino)			

NAME OF PREVIOUS EMPLOYER (Nombre de anterior empleador)				
ADDRESS (Dirección)		CITY (Ciudad)	STATE (Estado)	ZIP (Código postal)
STARTING DATE (Fecha de comienzo)	LEAVING DATE (Fecha que termino)		JOB TITLE (Posición)	
STARTING SALARY (Salario que comenzó)	FINAL SALARY (Salario que termino)		MAY WE CONTACT YOUR SUPERVISOR? (SI) YES (NO) NO (Podríamos contactar su supervisor)	
NAME OF SUPERVISOR (Nombre de supervisor)	TITLE (Posición)		PHONE (Teléfono)	
DESCRIPTION OF WORK (Descripción de trabajo)				
REASON FOR LEAVING (Razón por la que termino)				

NAME OF PREVIOUS EMPLOYER (Nombre de anterior empleador)				
ADDRESS (Direccion)		CITY (Ciudad)	STATE (Estado)	ZIP (Código postal)
STARTING DATE (Fecha de comienzo)	LEAVING DATE		JOB TITLE	
STARTING SALARY (Salario que comenzó)	FINAL SALARY (Salario que termino)		MAY WE CONTACT YOUR SUPERVISOR? (SI) YES (NO) NO (Podríamos contactar su supervisor)	
NAME OF SUPERVISOR (Nombre de supervisor)	TITLE (Posición)		PHONE (Teléfono)	
DESCRIPTION OF WORK (Descripción de trabajo)				
REASON FOR LEAVING (Razón por la que termino)				

REFERENCES (Referencias)

BELOW, GIVE THE NAMES OF THREE PERSONS YOU ARE NOT RELATED TO, WHOM YOU HAVE KNOWN AT LEAST ONE YEAR
(Mas abajo mencione al menos tres personas que le sirvan de referencia y que no sean familias que halla conocido al menos en un año) .

	NAME (Nombre)	ADDRESS (Dirección)	YEARS ACOUAINTED (Tiempo de referencia)
1			
2			
3			

SERVICE RECORD   (Historial de servicio)

BRANCH OF SERVICE (Lugar)	DISCHARGE DATE (Fecha que termino) RATE (salario)

HAVE YOU BEEN CONVICTED OF A FELONY WITHIN THE LAST 5 YEARS	YES	NC
Ha sido usted convicto por delito en los últimos 5 años	(SI)	(NC
IF YES, EXPLAIN.(WILL NOT NECESSARILY EXCLUDE YOU FROM CONSIDERATION) (Si ha sido convicto de delito explique(No por esta condición será excluido o descalificadote de nuestra consideración)		

AUTHORIZATION (Autorización o Firma)

"I CERTILY THAT THE FACTS CONTAINED IN THIS APPLICATIN ARE TRUE AND COMPLETE TH THE BEST OF MY KNOWLEDGE AND UNDERSTAND THAT, IF EMPLOYED, FALSIFIED STATEMENTS ON THIS APPLICATION SHALL BE GROUNDS FOR DISMISSAL.

I AUTHORZE INVESTIGATION OF ALL STATEMENTS CONTAINED HEREIN AND THE REFERENCES AND EMPLOYERS LISTED ABOUT TO GIVE YOU ANY AND ALL INFORMATION CONCERNING MY PREVIOUS EMPLOYMENT AND ANY PERTINENT INFORMATION THEY MAYGAVE, PERSONAL OR OTHERWISE AND RELEASE THE COMPANY FROM ALL LIABILIY FOR ANY DAMAGE THAT MAY RESULT FROM UTILIZATION OF SUCH INFORMATION.

I ALSO UNDERSTAND AND AGREE THAT NO REPRESENTIVE OF THE COMPANY HAS ANY AUTHORITY TO ENTER INTO ANY AGREEMENT FOR EMPLOYMENT FOR ANY SPECIFIED PERIOD OF TIME, OR TO MAKE ANY AGREEMENT CONTRARY TO THE FORGOING, UNLESS IT IS IN WRITING AND SIGNED BY AN AUTHRIZED COMPANY REPRESNTATIVE."

"CERTIFICO QUE TODO EL CONTENIDO Y LA INFORMACION CONTENIDA EN ESTE DOCUMENTO DE APLICACIÓN ESTAN ACORDE CON LA VERDAD Y EN MI TOTAL CONOCIMIENTO, ENTIENDO QUE SI ALGUNA FALSIFICASION ES ENCONTRADA EN ESTA APLICACION SERA AUTOMATICAMENTE MOTIVO DE DESCALIFICACION

"AUTORIZO TODA INVESTIGACION ACERCA DE LA INFORMACION QUE SE CONTIENE EN ESTE DOCUMENTO CON REFERENCIA A OTROS EMPLEADORES AQUÍ NOMBRADOS Y CUALQUIER INFORMACION PERSONALCONTENIDA EN ESTE DOCUMENTO Y QUEDA EXCLUIDA DE RESPONSABILIDAD ESTA COMPAÑIA POR DAÑOS OCURRIDOS DURANTE LA INVESTIGACION PRODUCTO DE LA UTILIZACION DE ESTA INVESTIGACION.

 TAMBIEN ENTIENDO Y ESTOY DE ACUERDO QUE NINGUN REPRESENTANTE DE ESTA COMPANIA TIENE AUTORIZACION PARA ENTRAR EN ALGUN CONTRATO PARA EMPLEO POR UN PERIODO ESPECIFICO DE TIEMPO, HACER NINGUNA CLASE DE CONTRATO CONTRARIO A LOS ESTATUTOS DE ESTA COMPANIA AUNQUE SEA FIRMADO Y AUTORIZADO POR UNO DE NUESTROS REPRESENTANTES.

DATE (fecha)   SIGNATURE (firma)

Como llenar una aplicación correctamente.

Cuando usted llena una aplicación, debe de hacer seguro que todo esta terminado y en forma correcta. No haga ninguna omisión, en caso de que la pregunta no califica en su caso responderá de esta manera N/A.
Nunca deje cuadros sin llenar, esto se muestra como olvido.
Las aplicaciones son llenadas en diferentes secciones que a continuación le mostramos

APPLICATION FOR EMPLOYMENT (aplicación Para empleo)		PRE-EMPLOYMENT QUESTIONNAIRE (Preguntas Pre-empleo)		
PERSONAL INFORMATION (Información personal)		AN EQUAL OPPORTUNITY EMPLOYER (Empleador con igualdad y oportunidad para todos)		
NAME(LAST NAME, MIDDLE I., FIRST NAME) Nombre (Apellido, Inicial de su Segundo Nombre, Primer Nombre)		SOCIAL SECURITY NO. (Numero de Seguro Social)		
PRESENT ADDRESS (Dirección actual)	APT.NO. (Numero de apartamento)	CITY (Ciudad)	STATE (Estado)	ZIP (Código postal)
MAILING ADDRESS (Dirección donde recibe su Correo)	APT.NO. (Numero de apartamento)	CITY (Ciudad)	STATE (Estado)	ZIP (código postal)
ARE YOU 18 YEARS OR OLDER (¿Es Usted mayor de 18 anos de edad?) (si) YES (No) NO	PHONE (numero de teléfono)			

Haga seguro que presta atención a como pone su nombre, su apellido se pone primero después la letra Inicial de su segundo nombre (Si Tiene) y al final su primer nombre. En sentido general ya casi todas las compañías piden una copia de su número de seguro social y una identificación que tenga su foto, tenga presente su dirección incluyendo su código postal. Si su dirección donde recibe su correo es diferente, tenga lista las dos. También tenga a mano sus direcciones anteriores muchos empleadores las solicitan. En caso que el teléfono de su casa y su teléfono personal sean distintos ponga los dos si tiene espacio. Si tiene uno con maquina respondedora use este. Responda la pregunta sobre la edad, algunas solo preguntan si usted es mayor de 21 años de edad.

Aplicación parte 2

DESIRED EMPLOYMENT (Departamento para el que esta aplicando)		
POSITION (Posición para la que aplicando)	DATE YOU CAN START (fecha en que esta disponible para comenzar)	SALARY DESIRED Salario que pide para comenzar)
ARE YOU EMPLOYED NOW (Esta empleado actualmente) (Si) YES (no) NO	IF SO MAY WE INQUIRE OF YOUR PRESENT EMPLOYER? (Si) YES (No) NO (¿Si esta empleado actualmente acepta que la usemos como referencia)	
EVER APPLIED TO THIS COMPANY BEFORE? (Ha hecho aplicación para esta compañía anteriormente) (Si) YES (No) NO	WHERE? Donde(Nombre de la oficina o compañía)	WHEN? Cuando (Fecha en que hizo su anterior aplicación)
EVER WORKED FOR THIS COMPANY BEFORE? (Ha trabajado anteriormente Para esta compañía) (Si) YES (No) NO	WHERE? Donde(Nombre de la oficina o compañía)	WHEN? Cuando (Fecha en que hizo su anterior aplicación)
REASON FOR LEAVING (Razón por la que dejo su empleo)		
NAME OF LAST SUPERVISOR AT THIS COMPANY (Nombre de su ultimo supervisor en esta compañía)		
WHO REFERRED YOU TO THIS COMPANY? (Por quien supo de esta compañía) (Agencias de Empleo) EMPLOYMENT AGENCY (anuncios en periódicos) NEWSPAPER ADVERTISING (Amigos) FRIEND		
STATE EMPLOYMENT OFFICE COLLEGE PLACEMENT SERVICE WALK IN OTHER (Oficina de empleo o Universidad (en persona sin sita) (otros) donde ha prestado servicio)		

   En el cuadro de posición, indique para que empleo esta aplicando y que sea
el que usted prefiere, algunas compañías tienen mas de una oportunidad de
empleo en oferta. Indique en la fecha para empezar la más cercana que usted
pueda. Si no esta seguro de que el pago para empezar es el más adecuado
entonces escriba la palabra "abierto"Pero no deje el espacio en blanco. Usted
quiere dejar saber que no dejo ese espacio en blanco. Ponga si esta
trabajando o no, aun si usted cree que ellos saben, si hay alguna razón por la
que ellos no deben contactar su anterior empleador, marque NO, pero, esté
listo para responder porque ellos no pueden. De otra manera responda que
SI.
Si usted ha trabajado para esta compañía anteriormente llene esa parte con la
información de cuando trabajo para ellos, de otra manera responda N/A en
todo lo que concierne a si ha trabajado para esa compañía antes. Deje saber
como supo de ellos de otra manera si fue alguna persona en especial ponga
el nombre donde dice otros.

Aplicación parte 3

EDUCATION (Educación)

SCHOOL LEVEL (Nivel escolar)	NAME AND LOCATION OF SCHOOL (Nombre y Lugar de escuelas)	NO. OF YEARS ATTENDED (Tiempo que asistió)	DID YOU GRADUATE? (Se Graduó)	SUBJECTS STUDIED (Sujetos Estudiados)
GRAMMAR SCHOOL (Escuela de Gramática)				
HIGH SCHOOL (Escuelas Superiores)				
COLLEGE (Curso Universitario)				
TRADE, BUSINESS OR CORRESPONDENCE SCHOOL (Estudios de negocio comercio o por correspondencia) .				

GENERAL (Categoría General)

SUBJECTS OF SPECIAL STUDY OR RESEARCH WORK (Estudios especiales o cientificos)
SPECIAL TRAINING (Entrenamientos especiales)
SPECIAL SKILLS (Habilidades Especiales)

Muchas personas cometen errores al llenar esta parte de la aplicación.
Cuando usted llena una aplicación debe prestar toda su atención a los
detalles, al llenar en que ciudad se encuentra la escuela donde estudió en el
espacio de localidad. Para gramática y Escuela de Estudios superiores usted
puede poner solo que estudio, pero ponga algo, si no asistió a alguna escuela
de otro tipo solo escriba N/A, Pero si tiene algún tipo de entrenamiento
especial, déjelos saber, aun si no fueron estudios de mucha duración. Si no
tiene nada que decir solo escriba N/A

Aplicación parte 4

FORMER EMPLOYERS (Anteriores empleadores)			
LIST BELOW LAST THREE EMPLOYERS, STARTING WITH THE MOST RECENT Haga una lista de los tres últimos empleos comenzando por el actual o mas reciente)			
NAME OF PRESENT OR LAST EMPLOYER (Nombre de actual empleador o del ultimo)			
ADDRESS (Direccion)	CITY (Ciudad)	STATE (Estado)	ZIP (Codigo postal)
STARTING DATE (Fecha de comienzo)	LEAVING DATE (Fecha que termino)	JOB TITLE (Posición)	
STARTING SALARY (Salario que comenzó)	FINAL SALARY (Salario que termino)	MAY WE CONTACT YOUR SUPERVISOR? (SI) YES (NO) NO Podríamos contactar su supervisor	
NAME OF SUPERVISOR (Nombre de supervisor)	TITLE (Posición)	PHONE (Teléfono)	
DESCRIPTION OF WORK (Descripción de trabajo)			
REASON FOR LEAVING (Razón por la que termino)			

Esta parte puede variar entre compañías. Algunas solo piden poca información sobre anteriores empleos y otras piden hasta 10 años de historial, por esto es bueno que tenga a manos toda información posible hasta 10 años atrás, si usted no tiene direcciones completas o números de calles trate de llenar al menos el nombre de la calle, y si no tiene el código postal solo déjelo y continué hacia delante. Siempre que sea posible revise todas las direcciones de anteriores empleos. En caso que no se acuerde de alguna fecha escriba aunque sea el mes o el año

Escriba el nombre completo de su supervisor, si no lo sabe deja saber al menos su apellido. Debe tener el teléfono de sus anteriores empleadores escriba el código de área recuerde que en algunos caso este varia. Haga una lista de todas responsabilidades que ha tenido en anteriores empleos las mas importantes pórgalas primero. Si usted no tiene una buena razón por la cual dejo sus empleos anteriores, entonces haga que esto se vea de la forma más placentera posible.

Cuando usted esta llenando todo su historial en anteriores empleos no deje espacios de tiempo sin cubrir, si estuvo enfermo, embarazada con problemas de familia, estudiando debe llenarlo en su historial de empleo

Aplicación parte 5

REFERENCES (Referencias)

BELOW, GIVE THE NAMES OF THREE PERSONS YOU ARE NOT RELATED TO, WHOM YOU HAVE KNOWN AT LEAST ONE YEAR
(Mas abajo mencione al menos tres personas que le sirvan de referencia y que no sean familias que halla conocido al menos en un años).

	NAME (Nombre)	ADDRESS (Dirección)	YEARS ACOUAINTED (Tiempo de referencia)
1			
2			
3			

SERVICE RECORD   (Historial de servicio)

BRANCH OF SERVICE (Lugar)	DISCHARGE DATE (Fecha que termino) RATE (salario)

Las referencias son más que importantes porque ellos podrían contactar a estas personas y confirmar si ciertamente ellos le conocen. Estas direcciones tienen estar correctas también podrían preguntar por números de teléfonos. Si esta usando a alguien como referencias haga seguro que le deja saber. Y por ultimo, en caso de que alguien de una mala referencia, Si usted dice que le conoce asegurase de explicar bien el periodo de tiempo en que paso.

Escriba N/A si estuvo inactivo en alguna fecha.

Aplicación parte 6

HAVE YOU BEEN CONVICTED OF A FELONY WITHIN THE LAST 5 YEARS	YES	NO
Ha sido usted convicto por delito en los últimos 5 años	(SI)	(NC

IF YES, EXPLAIN.(WILL NOT NECESSARILY EXCLUDE YOU FROM CONSIDERATION)
(Si ha sido convicto de delito explique(No por esta condición será excluido o descalificadote de nuestra consideración)

AUTHORIZATION (Autorización o Firma)

"I CERTILY THAT THE FACTS CONTAINED IN THIS APPLICATIN ARE TRUE AND COMPLETE TH THE BEST OF MY KNOWLEDGE AND UNDERSTAND THAT, IF EMPLOYED, FALSIFIED STATEMENTS ON THIS APPLICATION SHALL BE GROUNDS FOR DISMISSAL.

I AUTHORZE INVESTIGATION OF ALL STATEMENTS CONTAINED HEREIN AND THE REFERENCES AND EMPLOYERS LISTED ABOUT TO GIVE YOU ANY AND ALL INFORMATION CONCERNING MY PREVIOUS EMPLOYMENT AND ANY PERTINENT INFORMATION THEY MAYGAVE, PERSONAL OR OTHERWISE AND RELEASE THE COMPANY FROM ALL LIABILIY FOR ANY DAMAGE THAT MAY RESULT FROM UTILIZATION OF SUCH INFORMATION.

I ALSO UNDERSTAND AND AGREE THAT NO REPRESENTIVE OF THE COMPANY HAS ANY AUTHORITY TO ENTER INTO ANY AGREEMENT FOR EMPLOYMENT FOR ANY SPECIFIED PERIOD OF TIME, OR TO MAKE ANY AGREEMENT CONTRARY TO THE FORGOING, UNLESS IT IS IN WRITING AND SIGNED BY AN AUTHRIZED COMPANY REPRESNTATIVE."

"CERTIFICO QUE TODO EL CONTENIDO Y LA INFORMACION CONTENIDA EN ESTE DOCUMENTO DE APLICACIÓN ESTAN ACORDE CON LA VERDAD Y EN MI TOTAL CONOCIMIENTO, ENTIENDO QUE SI ALGUNA FALSIFICASION ES ENCONTRADA EN ESTA APLICACION SERA AUTOMATICAMENTE MOTIVO DE DESCALIFICACION

"AUTORIZO TODA INVESTIGACION ACERCA DE LA INFORMACION QUE SE CONTIENE EN ESTE DOCUMENTO CON REFERENCIA A OTROS EMPLEADORES AQUÍ NOMBRADOS Y CUALQUIER INFORMACION PERSONALCONTENIDA EN ESTE DOCUMENTO Y QUEDA EXCLUIDA DE RESPONSABILIDAD ESTA COMPAŇIA POR DAŇOS OCURRIDOS DURANTE LA INVESTIGACION PRODUCTO DE LA UTILIZACION DE ESTA INVESTIGACION.

TAMBIEN ENTIENDO Y ESTOY DE ACUERDO QUE NINGUN REPRESENTANTE DE ESTA COMPANIA TIENE AUTORIZACION PARA ENTRAR EN ALGUN CONTRATO PARA EMPLEO POR UN PERIODO ESPECIFICO DE TIEMPO, HACER NINGUNA CLASE DE CONTRATO CONTRARIO A LOS ESTATUTOS DE ESTA COMPANIA AUNQUE SEA FIRMADO Y AUTORIZADO POR UNO DE NUESTROS REPRESENTANTES.

DATE (fecha)   SIGNATURE (firma)

Esta es la ultima parte que se llena de una aplicación. Si usted ha sido convicto de algún delito debe dejarlo saber. En caso de que tenga alguno y lo niegue esto puede ser una causa para que lo terminen.
La ultima sección es a la derecha, para la compañía pueda tener información que ya se ha brindado anteriormente. Como en su resumen de historial de trabajo toda información debe estar correcta. Este seguro de que lo firma y pone la fecha.

<table>
<tr><td colspan="2">

APPLICATION FOR EMPLOYMENT

(aplicación Para empleo)

</td><td colspan="3">

PRE-EMPLOYMENT QUESTIONNAIRE
(Preguntas Pre-empleo)

</td></tr>
<tr><td colspan="2">

PERSONAL INFORMATION
(Información personal)

</td><td colspan="3">

AN EQUAL OPPORTUNITY EMPLOYER
(Empleador con igualdad y oportunidad para todos)

</td></tr>
<tr><td colspan="2">

NAME(LAST NAME, MIDDLE I., FIRST NAME)
Nombre (Apellido, Inicial de su Segundo Nombre, Primer Nombre)
Olivera, Carlos

</td><td colspan="3">

SOCIAL SECURITY NO.
(Numero de Seguro Social)
000-00-000

</td></tr>
<tr><td>

PRESENT ADDRESS
(Dirección actual)
1204 OESTE CALLE 4

</td><td>

APT.NO.
(Numero de apartamento)
N/A

</td><td>

CITY
(Ciudad)
Isla Grande

</td><td>

STATE
(Estado)
Nebraska

</td><td>

ZIP
(Código postal)
68804

</td></tr>
<tr><td>

MAILING ADDRESS
(Dirección donde recibe su Correo)
(Igual arriba mostrada)

</td><td>

APT.NO.
(Numero de apartamento)

</td><td>

CITY
(Ciudad)

</td><td>

STATE
(Estado)

</td><td>

ZIP
(código postal)

</td></tr>
<tr><td colspan="2">

ARE YOU 18 YEARS OR OLDER
(¿Es Usted mayor de 18 anos de edad?)
(si) **X** YES   (No) NO

</td><td colspan="3">

PHONE
(numero de teléfono)
(308) 335-5040

</td></tr>
</table>

<table>
<tr><td colspan="3">

DESIRED EMPLOYMENT (Departamento para el que esta aplicando)

</td></tr>
<tr><td>

POSITION
(Posición para la que aplicando)
Cajero

</td><td>

DATE YOU CAN START
(fecha en que esta disponible para comenzar)**10/10/00**

</td><td>

SALARY DESIRED
Salario que pide para comenzar) **abierto**

</td></tr>
<tr><td>

ARE YOU EMPLOYED NOW
(Esta empleado actualmente)
(Si)   YES (no) **X** NO

</td><td colspan="2">

IF SO MAY WE INQUIRE
OF YOUR PRESENT EMPLOYER? (Si) **X** YES   (No) NO
(¿Si esta empleado actualmente acepta que la usemos como referencia?)

</td></tr>
<tr><td>

EVER APPLIED TO THIS COMPANY BEFORE?
(Ha hecho aplicación para esta compañía anteriormente)
(Si)   YES (No) **X** NO

</td><td>

WHERE?
Donde(Nombre de la oficina o compañía)
N/A

</td><td>

WHEN?
Cuando (Fecha en que hizo su anterior aplicación)
N/A

</td></tr>
<tr><td>

EVER WORKED FOR THIS COMPANY BEFORE?
(Ha trabajado anteriormente Para esta compañía)
(Si)   YES   (No) **X** NO

</td><td>

WHERE?
Donde(Nombre de la oficina o compañía)
N/A

</td><td>

WHEN?
 Cuando (Fecha en que hizo su anterior aplicación)
N/A

</td></tr>
<tr><td colspan="3">

REASON FOR LEAVING
(Razón por la que dejo su empleo)
   N/A

</td></tr>
<tr><td colspan="3">

NAME OF LAST SUPERVISOR AT THIS COMPANY
(Nombre de su ultimo supervisor en esta compañía)
   N/A

</td></tr>
<tr><td colspan="3">

WHO REFERRED YOU TO THIS COMPANY?
(Por quien supo de esta compañía)
 (Agencias de Empleo) EMPLOYMENT AGENCY (anuncios en periódicos) NEWSPAPER ADVERTISING (Amigos)
FRIEND

</td></tr>
<tr><td colspan="3">

 STATE EMPLOYMENT OFFICE
 COLLEGE PLACEMENT SERVICE   WALK IN   **X** OTHER **Antonio Perez**
(Oficina de empleo o Universidad   (en persona sin)   (otros)
donde ha prestado servicio)   sin sita

</td></tr>
</table>

EDUCATION (Educación)

SCHOOL LEVEL (Nivel escolar)	NAME AND LOCATION OF SCHOOL (Nombre y Lugar de escuelas)	NO. OF YEARS ATTENDED (Tiempo que asistió)	DID YOU GRADUATE? (Se Graduó)	SUBJECTS STUDIED (Sujetos Estudiados)
GRAMMAR SCHOOL (Escuela de Gramática)	El Monte, Los Ángeles, CA	6	si	General
HIGH SCHOOL (Escuelas Superiores)	Parque El Paisa, Los Ángeles CA	4	si	General
COLLEGE (Curso Universitario)	N/A	N/A	N/A	N/A
TRADE, BUSINESS OR CORRESPONDENCE SCHOOL (Estudios de negocio comercio o por correspondencia) .	N/A	N/A	N/A	N/A

GENERAL (Categoría General)

SUBJECTS OF SPECIAL STUDY OR RESEARCH WORK (Estudios especiales o científicos)	N/A
SPECIAL TRAINING (Entrenamientos especiales)	N/A
SPECIAL SKILLS (Habilidades Especiales)	N/A

FORMER EMPLOYERS (Anteriores empleadores)

LIST BELOW LAST THREE EMPLOYERS, STARTING WITH THE MOST RECENT
(Haga una lista de los tres últimos empleos comenzando por el actual o mas reciente)

NAME OF PRESENT OR LAST EMPLOYER (Nombre de actual empleador o del ultimo)		**Casino La Arboleda**		
ADDRESS (Direccion) **5050 La Arboleda**		CITY (Ciudad) **Reno**	STATE (Estado) **NV**	ZIP **90001** (Código postal)
STARTING DATE **10/04/1999** (Fecha de comienzo)	LEAVING DATE **04/05/2000** (Fecha que termino)		JOB TITLE **Cajero.** (Posición)	
STARTING SALARY (Salario que comenzó) **$ 4.50** **P/hora**	FINAL SALARY (Salario que termino) **$4.75 P/hora**		MAY WE CONTACT YOUR SUPERVISOR? (SI)**X** YES (NO) NO Podríamos contactar su supervisor	
NAME OF SUPERVISOR (Nombre de supervisor) **Antonio Perez**	TITLE (Posición) **Supervisor**		PHONE (Teléfono) **(702) 880-5151**	
DESCRIPTION OF WORK (Descripción de trabajo) **Trabajar con dinero efectivo y haciendo cambios de cheques**				
REASON FOR LEAVING (Razón por la que termino) **Reducción de personal**				

NAME OF PRESENT OR LAST EMPLOYER				
Nombre de actual empleador o del ultimo) **Enfermedad**				

ADDRESS		CITY	STATE	ZIP
(Direccion) **N/A**		(Ciudad) **N/A**	(Estado) **N/A**	(Codigo postal)**N/A**

STARTING DATE	LEAVING DATE	JOB TITLE
(Fecha de comienzo) **N/A**	(Fecha que termino) **N/A**	(Posición) **N/A**

STARTING SALARY	FINAL SALARY	MAY WE CONTACT YOUR SUPERVISOR? **N/A**
(Salario que comenzó) **N/A**	(Salario que termino) **N/A**	(SI) YES (NO) NO
		Podríamos contactar su supervisor

NAME OF SUPERVISOR	TITLE	PHONE
(Nombre de supervisor) **N/A**	(Posición) **N/A**	(Teléfono) **N/A**

DESCRIPTION OF WORK
(Descripción de trabajo) **N/A**

REASON FOR LEAVING
(Razón por la que termino) **Problema de enfermedad en una pierna**

NAME OF PRESENT OR LAST EMPLOYER				
(Nombre de actual empleador o del ultimo) **Carnicería La Preciosa**				

ADDRESS	CITY	STATE	ZIP
(Direccion) **231 El paraiso**	(Ciudad) **LosAngeles**	(Estado) **CA**	(Codigo postal) **92225**

STARTING DATE	LEAVING DATE	JOB TITLE
(Fecha de comienzo)**04/27/1996**	(Fecha que termino)**09/99**	(Posición) **Carnicero**

STARTING SALARY	FINAL SALARY	MAY WE CONTACT YOUR SUPERVISOR?
(Salario que comenzó) **$3.60 P/Hora**	(Salario que termino) **$4.40 P/Hora**	(SI) **X**YES (NO) NO
		Podríamos contactar su supervisor

NAME OF SUPERVISOR	TITLE	PHONE
(Nombre de supervisor) **Tomas**	(Posición) **Supervisor de planta**	(Teléfono) **(608) 223-5252**

DESCRIPTION OF WORK
(Descripción de trabajo) **Cortar carne en diferentes cortes y servir a clientes**

REASON FOR LEAVING
(Razón por la que termino) **Enfermedad**

REFERENCES (Referencias)

BELOW, GIVE THE NAMES OF THREE PERSONS YOU ARE NOT RELATED TO, WHOM YOU HAVE KNOWN AT LEAST ONE YEAR

(Mas abajo mencione al menos tres personas que le sirvan de referencia y que no sean familias que halla conocido al menos en un años) .

	NAME (Nombre)	ADDRESS (Dirección)	YEARS ACOUAINTED (Tiempo de referencia)
1	Rene Hernandez	1212 Oeste Calle A Isla Grande, NA Nebraska 68801	3
2	Manuel Diaz	445 Paseo del Parque Los Angeles, CA 90005	4
3	Jaime Póquer	3033 Sur Tropical Las Vegas, NV 89100	2

SERVICE RECORD   (Historial de servicio)

BRANCH OF SERVICE		DISCHARGE DATE (Fecha que termino)	
(Lugar)	N/A	RATE (salario)	N/A
	N/A		
	N/A		
	N/A		

HAVE YOU BEEN CONVICTED OF A FELONY WITHIN THE LAST 5 YEARS	YES **X** NO
Ha sido usted convicto por delito en los últimos 5 años	(SI)
(NO)	

IF YES, EXPLAIN.(WILL NOT NECESSARILY EXCLUDE YOU FROM CONSIDERATION)
(Si ha sido convicto de delito explique(No por esta condición será excluido o descalificadote de nuestra consideración)

N/A
N/A
N/A

AUTHORIZATION (Autorización o Firma)

"I CERTILY THAT THE FACTS CONTAINED IN THIS APPLICATIN ARE TRUE AND COMPLETE TH THE BEST OF MY KNOWLEDGE AND UNDERSTAND THAT, IF EMPLOYED, FALSIFIED STATEMENTS ON THIS APPLICATION SHALL BE GROUNDS FOR DISMISSAL.

I AUTHORZE INVESTIGATION OF ALL STATEMENTS CONTAINED HEREIN AND THE REFERENCES AND EMPLOYER LISTED ABOUT TO GIVE YOU ANY AND ALL INFORMATION CONCERNING MY PREVIOUS EMPLOYMENT AND ANY PERTINENT INFORMATION THEY MAYGAVE, PERSONAL OR OTHERWISE AND RELEASE THE COMPANY FROM ALL LIABILIY FOR ANY DAMAGE THAT MAY RESULT FROM UTILIZATION OF SUCH INFORMATION.

I ALSO UNDERSTAND AND AGREE THAT NO REPRESENTIVE OF THE COMPANY HAS ANY AUTHORITY TO ENTER INTO ANY AGREEMENT FOR EMPLOYMENT FOR ANY SPECIFIED PERIOD OF TIME, OR TO MAKE ANY AGREEMENT CONTRARY TO THE FORGOING, UNLESS IT IS IN WRITING AND SIGNED BY AN AUTHRIZED COMPANY REPRESNTATIVE."

"CERTIFICO QUE TODO EL CONTENIDO Y LA INFORMACION CONTENIDA EN ESTE DOCUMENTO DE APLICACIÓN ESTAN ACORDE CON LA VERDAD Y EN MI TOTAL CONOCIMIENTO, ENTIENDO QUE SI ALGUNA FALSIFICASION ES ENCONTRADA EN ESTA APLICACION SERA AUTOMATICAMENTE MOTIVO DE DESCALIFICACION

 "AUTORIZO TODA INVESTIGACON ACERCA DE LA INFORMACION QUE SE CONTIENE EN ESTE DOCUMENTO CON REFERENCIA A OTROS EMPLEADORES AQUÍ NOMBRADOS Y CUALQUIER INFORMACION PERSONALCONTENIDA EN ESTE DOCUMENTO Y QUEDA EXCLUIDA DE RESPONSABILIDAD ESTA COMPAÑIA POR DAÑOS OCURRIDOS DURANTE LA INVESTIGACION PRODUCTO DE LA UTILIZACION DE ESTA INVESTIGACION.

  TAMBIEN ENTIENDO Y ESTOY DE ACUERDO QUE NINGUN REPRESENTANTE DE ESTA COMPANIA TIENE AUTORIZACION PARA ENTRAR EN ALGUN CONTRATO PARA EMPLEO POR UN PERIODO ESPECIFICO DE TIEMPO, HACER NINGUNA CLASE DE CONTRATO CONTRARIO A LOS ESTATUTOS DE ESTA COMPANIA AUNQUE SEA FIRMADO Y AUTORIZADO POR UNO DE NUESTROS REPRESENTANTES.

09/12/00   **Carlos Olivera**

DATE   (Fecha)   SIGNATURE (Firma)

Que se necesita para presentarse a una entrevista.

Personal.

Reloj.	Ropa limpia y sin arrugas.
Estado de ánimo.	Bañarse
Dientes limpios.	desodorante
Cabello arreglado.	Manos arregladas y limpias.
Uñas arregladas.	Zapatos limpios.
Ninguno o poco perfume.	Mentas para el aliento bucal si se necesita.

Para la Entrevista

Identificación con foto	Tarjeta de seguro social
Numero de teléfono personal	Dirección
Anteriores empleadores	Referencias
Otros números de teléfonos para referencias	Resumen de historial de trabajo
Lápiz , bolígrafo y papel	Preguntas que usted hará al entrevistador representante

Entrevistas.

Hay muchos aspectos que hacen el éxito de una entrevista.
Aquí los hemos dividido en partes para hacer más fácil el pasar.
Hay cosas que debemos hacer y que NO debemos hacer y ambas partes
Hay preguntas importantes.

Que podemos hacer en una entrevista.

Hay muchas cosas que a la hora de una entrevista podemos hacer, pero
desde luego hay muchas más que no podemos hacer y vamos a ir sobre este
tema en esta sección.

Hacer tarea,

Usted debe emplear algún tiempo en casa, investigando futuras
compañías en las cuales pudiera encontrar un buen empleo. Trate de
memorizar tome notas sobre estas compañías. Esto ayudara a construir
Confidencia en eventos y entrevistas que estará logrando.

La Práctica hace la perfección.

Tratar con información que ya tenemos, hacer copias de su talento y
habilidad. Entonces mirar a ellas y asegurarse a si mismo. Escriba
preguntas que puedan ser hechas en una entrevista, repítalas en alta voz
Alta por varias veces.

Propia promoción.

Muéstrese confidente en sus habilidades, mas aun cuando es relevante el
tópico que tiene a mano. Empleadores es mas facil que le den oportunidad a
personas que tienen la habilidad de comunicar efectivamente y con
confidencia. Mantenga el tema de que se esta hablando sin perder el sujeto
muestre siempre su destreza

Cortesía
Alabador, le ayudara cuando esta hablando con un entrevistador.
A todos les gusta siempre que hablan con alguien que les digan cosas positivas de ellos o de la compañía para la que trabajan. Cuando se tiene cortesía esto muestra que usted mira a las cosas positivas, esto también muestra que se han hecho investigaciones acerca de la compañía donde va a obtener empleo y por eso conoce estas cosas buena, solo que no las exagere demasiado.

Que no debe hacer en una entrevista.
Nunca haga comentarios negativos sobre anteriores empleadores
Futuros empleadores no les gusta oír comentarios negativos acerca de anteriores empleadores y esto hará que usted se vea mal
No haga preguntas sobre salarios o beneficios en su primera entrevista aunque ellos lo hagan primero
En caso de ellos pregunten primero sea breve al responder y no se exceda.

No use reclamaciones.
No use "no me gusta jactarme o Tuve suerte de"
Use palabras como "Yo Hice" o Yo Cumplí"

No exagere.
Usted debe mostrar su buena actitud pero recuerde es una entrevista para su futuro empleo. Sea tan profesional como pueda. Usted no querrá bajar la guardia y decir algo inapropiado. No haga preguntas acerca de tratamientos especiales aun si le dejado saber que usted lo recibiría.

Evite fuertes gestos corporales o expresiones
Cuando haga un saludo de manos hágalo de manera firme y sin apretar demasiado. No necesita aguantar las manos de la otra persona o dar palmadas en la espalda es una entrevista no una cita. No se deje caer de manera fuerte en la silla ni ponga sus manos en la espalda o la cabeza. Tampoco deje que lo vean mirando hacia todas partes y no prestando atención a lo que le están preguntando.

No haga preguntas que usted sabe que no debe hacer.
Si usted quiere recibir consejería espere a tener el empleo primero, no haga preguntas a otros que están aplicando para el mismo empleo.

Ejemplos de preguntas para una entrevista.

¿Dígame algo acerca de usted y de su carrera?

¿Cuales son sus mejores conocimientos /partes de mayor debilidad?

¿Que dicen sus últimas tres evaluaciones?

¿En relación a trabajar con clientes cual es su experiencia?

¿Es usted capaz de desarrollar varios oficios? Mencione algunos ejemplos.

¿Que áreas le gustaría mejorar?

¿Como sus amigos le describen?

¿Que función de trabajo le gusta mas y cual no?

¿Diga algo relacionado con su carácter?

¿Por que prefiere esta compañía para trabajar?

¿Trabaja usted bien bajo presión?

¿Cual ha sido su mayo reto trabajando bajo presión?

¿Que clase de reconocimiento esta usted buscando?

¿Como usted soluciona problemas de diferencias con otros?

¿Mencione algún procedimiento que usted quiera desarrollar cuando este en su posición?

¿Donde se colocaría usted mismo en cinco, diez o quince años?

¿Tiene alguna duda referente a su trabajo?

¿Diga en veinte palabras o menos porque usted se emplearía a usted mismo?

¿Que oportunidades espera tener al estar en su posición?

¿Que hace un líder a diferencia de seguidores?

¿Que tácticas utiliza para eliminar la presión de trabajo?

¿En que área se desarrolla mejor y por que?

¿Cual es su táctica para tratar un conflicto personal con un colega?

¿Describa como sus habilidades darían beneficios a esta compañía?

¿Describa cual es su mayor obstáculo al tratar con clientes y como lo supera?

¿Cual es su meta a largo y corto plazo?

¿Que opción de pago prefiere?

¿Por que dejo su anterior empleo?

¿Tiene alguna pregunta?

¿Si usted fuera un árbol que tipo le gustaría ser?

¿Que religión práctica?

Estaremos revisando alguna de estas preguntas pero se pueden usar respuestas básicas para las demás Lo mas importante es estar seguro de no responder mal las preguntas, mantenga el animo positivo. Las últimas preguntas son muy importantes. Haga seguro leer estas respuestas.

Háblenos acerca de usted y de su carrera.

Trate de mantener la respuesta con algo que halla realizado en trabajos anteriores, y como ayuda para el que esta aplicando.

¿Porque dejo su empleo anterior?

La parte más importante para esta respuesta es mantenerse positivo. El mayor signo de problema es para quien habla mal de su anterior empleador. Si usted fue terminado, sea honesto, trate de hacerse el menor daño posible. Explique lo que aprendió y que aprendió de esta experiencia y como lo hace mejor para la nueva oportunidad que tiene por delante, si estuvo un tiempo inactivo explique porqué, o si abandono mantengas positivo y sea honesto.

¿Cual es su mayor debilidad?

Hable acerca de su parte mas débil, pero tenga una respuesta de cómo usted esta trabando para mejorar, aquí tenemos algunos ejemplos:

"Trato de ser perfeccionista"
Yo uso esta tendencia para diferir, así estoy siempre seguro de cumplir un horario para todos mis proyectos y lograr un mejor avance en todas mis metas personales. Ser Organizado realmente ayuda.
De vez en cuando, hago demasiado énfasis en detalles de proyectos. Siempre hago seguro que al final del día tomo unos minutos para repasar todo el trabajo realizado durante el día en sentido general. Esto me fuerza a mantener mis prioridades realizadas.

En veinte palabras o menos, dega porque se le debe dar el empleo.

Cuando usted esta diciendo porque se le debe dar el empleo no se exalte demasiado y mantenga la confidencia hable acerca de sus logros que halla obtenido y que lo hará ser un buen obrero para esta compañía. Deje saber también de su integridad y buenas costumbres de trabajo

¿Tiene alguna pregunta para mí?

Si le preguntan si quiere hacer alguna pregunta diga que si. Haga las mas importantes pero no demasiadas, solo las mas importantes entre dos y cuatro es usted a quien entrevistan, no a ellos.

¿Que es un trabajador ideal?

¿Que trabajador triunfa en esta compañía?

¿Como usted describiría un candidato ideal?

¿Podría decirme más sobre el proceso de entrevista?

¿Cual es la carrera más común que alguien desarrolla en esta compañía?

¿Cual es su proposición para resolver problemas?

¿Después de un periodo introductorio, podría tomar otras oportunidades para aprender y/o responsabilidades para mejorar mi conocimiento dentro de la compañía?

¿Como usted evalúa una mejora en su trabajo?

¿Podría decirme acerca de personas que han trabajado con usted?

Todas estas preguntas muestran una idea de cómo es la compañía para la que va a trabajar. También deja ver al entrevistador que usted esta realmente interesado en el. Empleo.

¿Si usted fuera un árbol que tipo le gustaría ser?

Entrevistadores pueden hacer este tipo de preguntas para ver como reacciona bajo presión y como sobresale de lo inesperado. No es tan importante que clase de árbol usted quiere ser eso decida una respuesta y haga su opción lo mas favorable, sea elegante porque usted quiere escalar nuevas metas en su carrera o sea un Roble porque usted quiere poner raíces en la compañía de cualquier modo quedara bien

¿Que religión práctica?

Esta es una pregunta que un entrevistador nunca hará, pero usted podrá encontrarse con alguien que la haga. Muchos de los entrevistadores no están exentos de discriminar contra alguien que busca hémelo. Muchas de las preguntas ilegales son sin intención. Hay unas

Solo responda la pregunta
Si no es de importancia para usted proveer alguna información y no quiere hacer de esto un problema, usted puede responder la pregunta y continuar a la siguiente. Tenga presente, que usted solo responde a las preguntas si quiere y si realmente se siente confortable brindando la información.

Negarse a responder una pregunta.
Informe al representante que esta haciendo su entrevista que la pregunta no es de su agrado o legal, y que no expresa relevantes o requerimientos específicos sobre la posición que esta aplicando , este preparado, aunque esta clase de respuestas guárdela para caso donde las preguntas son ofensivas o mayores problemas.

No responda las preguntas pero si responda la intención que trae detrás
Estas es usualmente la mejor opción siempre y cuando permita a usted proveer una respuesta sin sacrificar sus derechos. Para responder la intención por detrás de la pregunta asegurase de que exactamente el entrevistador quiere saber, por ejemplo, si el entrevistador quiere saber si es ciudadano de los EE.UU. (Esta es una pregunta ilegal), la respuesta mas inteligente seria "Usted quiere decir si estoy legalmente autorizado a trabajar en los EE.UU. y su respuesta seria SI .En casos como este es mejor rehacer la pregunta hacia una pregunta legal y entonces responder. Esto muestra flexibilidad y compostura, habilidad,
Si tiene la certeza que una pregunta es ilegal y que de su respuesta dependa que califique para el empleo usted puede llamar a EEOC.

Rasa	Color	Sexo	Religion	Origen	Edad	Incapacidad

Para presentar cargos, contacte una oficina del EEOC, para encontrar su oficina local, dirijase a "Presentando un Cargo" sitio Web www.eeoc.gov/fact/howtofil.html

Su presentación

 La forma de caminar, hablar, mirar, y sentarse hacen la diferencia en una entrevista. Haga seguro que cuando saluda mira a los ojos y cuando estrecha las manos hágalo con firmeza pero sin apretar demasiado. Aunque le pidan sentarse, deje el representante sentarse primero; cuando se siente no se recueste demasiado inclínese unos diez grados. Recostarse demasiado muestra como que esta demasiado relajado. Haga seguro que cuando le están dirigiendo la palabra esta prestando la debida atención y no este mirando hacia otro lado alrededor en la oficina. Cuando responda alguna pregunta asegurase de hacerlo con confidencia.

Cuando no es buen tiempo para hablar

 Esto es cuando es una entrevista por teléfono. Usted puede recibir una llamada telefónica de alguna compañía para la cual ha aplicado. Algunas veces es mal tiempo para recibir llamadas. Podría ser bueno que continuara con la entrevista o de lo contrario pida por favor que le llamen de nuevo. Si hay alguna distracción como ruido, mala comunicación de teléfono o esta sin ninguna preparación. Asegurase de pedir una nueva cita para entrevista, nombre y números de teléfono, y cuando sea mejor tiempo y tenga toda su información reunida llame a la compañía.

Finalizar la entrevista.

Los minutos finales son cruciales y usted no quisiera perder. Sus palabras finales deben ser entusiastas y confidentes. Use estos minutos de su entrevista para enfatizar sus habilidades. Esto hace ver su seguridad, y sera una de las ultimas cosas que el representante quiere oír, hágase ver natural y con suavidad, comience ha dejar ver su impresión con la compañía y las personas que lo recibieron Entonces explique porque usted seria un buen candidato pregunte cual seria el próximo paso a seguir. Muestre gratitud dando un saludo de manos cuando se esta despidiendo.

Cartas de agradecimiento.

Seguido de su entrevista, dentro de los próximos dos días hábiles escriba una carta de agradecimiento al representante que hizo su entrevista expresando su agradecimiento por la entrevista y el tiempo dedicado.

El propósito de esta carta es:

- Mostrar su cortesía
- Demostrar su habilidad de escribir
- Ayudar a recordarles que usted paso una entrevista
- Hace ver por encima de otros candidatos que no se molestaron en Escribirles
- Brinda una oportunidad de ganar puntos
- Permite incluir algo que halla olvidado en su entrevista
- Confirma su entendimiento en tópicos discutidos y evitar malos Entendidos

Carta de agradecimiento en sentido general.

201 Cayo Largo
Eugenia, OR 97401
(503)555-0303

Sr. Luis Gonzáles
Inversiones California SA
25 Calle Sacramento.
 San Francisco, CA 94102

       Sr. González

 Gracias por tomar su tiempo en discutir sobre la posición de corredor de
seguros de Inversiones California. Después de haberme reunido con usted y
observando las operaciones de la compañía Estoy completamente
convencido que mi antecedente y habilidades coinciden con la necesidad de
la compañía

 Realmente agradezco el tiempo que destinó para ponerme al corriente
acerca de la compañía. No hay dudas que Inversiones California mantiene
sus miembros por largo tiempo. Estoy seguro que podría aprender mucho y
de usted y ciertamente disfrutaría mucho que trabajáramos juntos.

En adición a mis calificaciones y experiencia. Ofreceré un excelente trabajo,
buenos hábitos y buen juicio en mi posición. Con su incalculable demanda
de tiempo Estoy seguro que usted requiere personas de toda confianza y
capaz de asumir toda responsabilidad con un mínimo de supervisión.

Estaré en espera Sr. González espero tener noticias pronto concerniente a su
Decisión sobre la oportunidad de empleo. Gracias nuevamente por su tiempo
y consideración.

Sinceramente
Carlos Pérez

Carta de agradecimiento que acentúa como candidato perfecto

201 Cayo Largo
Eugenia, OR 97401
(503)555-0303

Dr. Antonio Cuevas.
Escuela de salud, Las Colinas
5 Calle principal
San Francisco, CA 94102

Estimado Dr. Cuevas.

Muchas gracias por tomar de su el tiempo en entrevistarme hoy para la posición de Trabajador Social.

Fue maravilloso el compartir no solo con usted, también con todo el equipo de trabajo de Clínica Las Colinas. Estoy más convencido que antes que soy el candidato apropiado para el Departamento de Belleza como miembro del equipo y contribuir con mi habilidad y talento para beneficio del distrito escolar de Las Colinas.

Estoy disponible en caso de cualquier discusión que se necesite con referencia a mi calificación, y una vez más Dr. Cuevas, agradezco a usted y su equipo de trabajo por el tiempo dedicado en explicarme todo lo relacionado con esta oportunidad.

Sinceramente
Alberto Ruiz.

Carta de agradecimiento Que construye fortaleza en la entrevista.

201 Cayo Largo
Eugenia, OR 97401
(503)555-0303

Dr. Julio Roque
Laboratorios El investigador
1256 La Calle
San Francisco, CA 94102

Estimado Dr. Roque.

Me gustaría agradecer por el tiempo invertido en hablarme acerca de la posición de asistente investigador en su laboratorio de Sismología. Aprecio realmente el interés que tomo en explicarme acerca del empleo y aprender mas de mi.

Estoy muy agradecido que acepto el proyecto que presente en Sismología que me provee de una gran experiencia para esta posición. Estoy ardiente de brindar mi pasión para la posición de asistente de investigador de Sismología Estoy convencido que con el conocimiento y la experiencia que he cultivado me coloque como el mejor investigador en este laboratorio.

Espero con anhelo el resultado de su decisión, Sentase libre de contactarme si necesita mas información acerca de mi calificación.

Gracias nuevamente por la alegre entrevista.

Sinceramente

Julio Álvarez.

Carta de agradecimiento que menciona idea tardía.

201 Cayo Largo
Eugenia, OR 97401
(503)555-0303

Srta. Lidia Lazo
Revista Razzle.
1010 Avenida Madison.
New York.

Querida Srta. Lazo

Me gustaría agradecer por el tiempo que empleó hablándome acerca de la posición investigador y mercadotecnia que tiene en la revista Razzle. Estoy muy exaltado acerca de esta posición y convencido de que mi entrenamiento es el adecuado para cubrir esta oportunidad de empleo.

Durante la entrevista no incluí un seminario aprobado de tres semanas en SPSS en la especialidad de investigación y mercadotecnia que obtuve durante el verano. Este en un paquete que contiene uno de los más famosos programas de computación de información y mercado. Tengo conocimiento que para la posición que tiene disponible, La descripción de funciones de esta posición mencionan, el conocimiento de SPSS es muy importante y quiero hacer saber que estoy muy bien entrenado en el uso de este programa. Por favor contácteme si tiene alguna pregunta sobre mi entrenamiento en el uso de este programa o sobre cualquiera de mis calificaciones
Como usted sabe mi posición mí de trabajador y estudiantes de la oficina institucional de investigadores de Rugter provee un excelente antecedente para el trabajo de investigación y mercadotecnia.

Espero tener pronto alguna respuesta sobre la posición, y una ves mas Gracias por el tiempo dedicado.

Sinceramente
Pedro Janes.

Carta de agradecimiento por buen trato

201 Cayo Largo
Eugenia, FL 97401
(305)555-0303

Sr. Garay Valí.
Comunicaciones Aerias SA.
3407 Avenida del Carmen.
Tampa FL 33607

Querido Sr. Valí.

Gracias por tomar el tiempo para reunirse conmigo en el Centro de estudios Central Florida. Ciertamente agradezco mucho su atención, porque como pude ver muchos de los estudiantes están buscando empleo

Su interés en explicar todo acerca de servicio al cliente y el programa de entrenamiento sobre información y mercado. Ahora que tengo mejor idea de que habilidades se requiere para la posición estoy seguro Que puedo tomar posición, y ser uno más dentro del equipo.

Espero con anhelo la oportunidad de visitar La oficina de Aviación en Tampa y podamos hablar sobre el programa de entrenamiento. Estaremos en contacto la próxima semana para fijar una cita.

Gracias nuevamente por su tiempo y consideración.

Sinceramente.
Rebeca Gutiérrez

Seguimientos.

Si usted obtuvo los servicios de un profesional, para llenar su aplicación Correctamente .Tenga una buena entrevista y envié una carta de agradecimiento. ¿Qué más puedo hacer? Pues bien, Usted no sabe cuantas personas aplican para el mismo trabajo y como investigan o pasan la línea roja en las compañías.

  Usted puede llamar a su entrevistador por teléfono y verificar el estatus de su aplicación. Si usted puede tratar directamente con el entrevistador o reclutador, entonces es mejor porque podrá verificar su estatus de aplicación en persona y de esta manera ellos pueden poner nombre y persona juntos. Si usted llama o trata en persona con su entrevistador o reclutador para saber el estatus de su aplicación sea amigable y díganles que estará en contacto pronto. Aunque le digan que no, Usted tratara de estar en contacto una ves por semana. Esto demuestra que esta realmente invirtiendo su tiempo para tener su oportunidad. Puede que usted no obtenga la oferta de empleo disponible, pero, ellos al ver su interés por trabajar podrían darle una oportunidad.

Usted ha aprendido todas las habilidades de como lograr un empleo o carrera que desea. No es tan fácil como muchos piensan. Pero sabiendo que debo hacer y que no debo hacer, es muy importante a la hora de encontrar empleo.
Gracias por invertir en el futuro, y muy buena suerte con sus conocimientos obtenidos con este manual.

James Ackerman.